国家出版基金项目
NATIONAL PUBLICATION FOUNDATION

中宣部2022年主题出版重点出版物

"十四五"国家重点图书出版规划项目

纪录小康工程

全面建成小康社会

贵州影像记
GUIZHOU YINGXIANGJI

本书编写组

贵州出版集团
贵州人民出版社

选题统筹：谢亚鹏
责任编辑：张翕之　石昌倩
封面设计：石笑梦　唐锡璋
版式设计：黄红梅

图书在版编目（CIP）数据

全面建成小康社会贵州影像记/本书编写组编. --贵阳：贵州人民出版社，2022.10
（"纪录小康工程"地方丛书）
ISBN 978-7-221-17093-4

Ⅰ.①全… Ⅱ.①本… Ⅲ.①小康建设—成就—贵州—摄影集 Ⅳ.① F127.73-64

中国版本图书馆 CIP 数据核字（2022）第 093281 号

全面建成小康社会贵州影像记

QUANMIAN JIANCHENG XIAOKANG SHEHUI GUIZHOU YINGXIANGJI

本书编写组

贵州人民出版社出版发行
（550081　贵州省贵阳市观山湖区会展东路 SOHO 办公区 A 座）
贵阳精彩数字印刷有限公司印刷　新华书店经销
2022 年 10 月第 1 版　2022 年 10 月贵阳第 1 次印刷
开本：710 毫米 ×1000 毫米　1/16　印张：16
字数：138 千字
ISBN 978-7-221-17093-4　定价：88.00 元

邮购地址　550081　贵州省贵阳市观山湖区会展东路 SOHO 办公区 A 座
贵州人民出版社图书销售对接中心　电话：（0851）86828517

版权所有·侵权必究
凡购买本社图书，如有印制质量问题，我社负责调换。
服务电话：（0851）86828517

总　序

为民族复兴修史　为伟大时代立传

小康，是中华民族孜孜以求的梦想和夙愿。千百年来，中国人民一直对小康怀有割舍不断的情愫，祖祖辈辈为过上幸福美好生活劳苦奋斗。"民亦劳止，汔可小康""久困于穷，冀以小康""安得广厦千万间，大庇天下寒士俱欢颜"……都寄托着中国人民对小康社会的恒久期盼。然而，这些朴素而美好的愿望在历史上却从来没有变成现实。中国共产党自成立那天起，就把为中国人民谋幸福、为中华民族谋复兴作为初心使命，团结带领亿万中国人民拼搏奋斗，为过上幸福生活胼手胝足、砥砺前行。夺取新民主主义革命伟大胜利，完成社会主义革命和推进社会主义建设，进行改革开放和社会主义现代化建设，开创中国特色社会主义新时代，经过百年不懈奋斗，无数中国人摆脱贫困，过上衣食无忧的好日子。

特别是党的十八大以来，以习近平同志为核心的党中央统揽中华民族伟大复兴战略全局和世界百年未有之大变局，团结带领全党全国各族人民统筹推进"五位一体"总体布局、协调推进"四个全面"战略布局，万众一心战贫困、促改革、抗疫情、谋发展，党和国家事业取得历史性成就、发生历史性变革。在庆祝中国共产党成立100周年大会上，习近平总书记庄严宣告："经过全党全国各族人民持续奋斗，我们实现了第一个百年奋斗目标，在中华大地上全面建成了小康社会，历史性地解决了绝对贫困问题，正在意气风发向着全面建成社会主义现代化强国的第二个百年奋斗目标迈进。"

这是中华民族、中国人民、中国共产党的伟大光荣！这是百姓的福祉、国家的进步、民族的骄傲！

全面小康，让梦想的阳光照进现实、照亮生活。从推翻"三座大山"到"人民当家作主"，从"小康之家"到"小康社会"，从"总体小康"到"全面小康"，从"全面建设"到"全面建成"，中国人民牢牢把命运掌握在自己手上，人民群众的生活越来越红火。"人民对美好生活的向往，就是我们的奋斗目标。"在习近平总书记坚强领导、亲自指挥下，我国脱贫攻坚取得重大历史性成就，现行标准下9899万农村贫困人口全部脱贫，建成世界上规模最大的社会保障体系，居民人均预期寿命提高到78.2岁，人民精神文化生活极大丰富，生态环境得到明显改善，公平正义的阳光普照大地。今天的中国人民，生活殷实、安居乐业，获得感、幸福感、安全感显著增强，道路自信、理论自信、制度自信、文化自信更加坚定，对创造更加美好的生活充满信心。

全面小康，让社会主义中国焕发出蓬勃生机活力。经过长期努力特别是党的十八大以来伟大实践，我国经济实力、科技实力、国防实力、综合国力跃上新的大台阶，成为世界第二大经济体、第一大工业国、第一大货物贸易国、第一大外汇储备国，国内生产总值从1952年的679亿元跃升至2021年的114万亿元，人均国内生产总值从1952年的几十美元跃升至2021年的超过1.2万美元。把握新发展阶段、贯彻新发展理念、构建新发展格局、推动高质量发展，全面建设社会主义现代化国家，我们的物质基础、制度基础更加坚实、更加牢靠。全面建成小康社会的伟大成就充分说明，在中华大地上生气勃勃的创造性的社会主义实践造福了人民、改变了中国、影响了时代，世界范围内社会主义和资本主义两种社会制度的历史演进及其较量发生了有利于社会主义的重大转变，社会主义制度优势得到极大彰显，中国特色社会主义道路越走越宽广。

全面小康，让中华民族自信自强屹立于世界民族之林。中华民族有五千多年的文明历史，创造了灿烂的中华文明，为人类文明进步作出了卓越贡献。近代以来，中华民族遭受的苦难之重、付出的牺牲之大，世所罕见。中国共产党带领中国人民从沉沦中觉醒、从灾难中奋起，前赴后继、百折不挠，战胜各种艰难险阻，取得一个个伟大胜利，创造一个个发展奇迹，用鲜血和汗水书写了中华民族几千年历史上最恢宏的史诗。全面建成小康社会，见证了中华民族强大的创造力、坚韧力、爆发力，见证了中华民族自信自强、守正创新精神气质的锻造与激扬，实现中华民族伟大复兴有了更为主动的精神力量，进入不可逆转的历史进程。今天，我们比历史上任何时期都更接近、更有信心和能力实现中华民族伟大复兴的目标，中国人民的志气、骨气、底气极大增强，奋进新征程、建功新时代有着前所未有的历史主动精神、历史创造精神。

全面小康，在人类社会发展史上写就了不可磨灭的光辉篇章。中华民族素有和合共生、兼济天下的价值追求，中国共产党立志于为人类谋进步、为世界谋大同。中国的发展，使世界五分之一的人口整体摆脱贫困，提前十年实现联合国2030年可持续发展议程确定的目标，谱写了彪炳世界发展史的减贫奇迹，创造了中国式现代化道路与人类文明新形态。这份光荣的胜利，属于中国，也属于世界。事实雄辩地证明，人类通往美好生活的道路不止一条，各国实现现代化的道路不止一条。全面建成小康社会的中国，始终站在历史正确的一边，站在人类进步的一边，国际影响力、感召力、塑造力显著提升，负责任大国形象充分彰显，以更加开放包容的姿态拥抱世界，必将为推动构建人类命运共同体、弘扬全人类共同价值、建设更加美好的世界作出新的更大贡献。

回望全面建成小康社会的历史，伟大历程何其艰苦卓绝，伟大胜利何其光辉炳耀，伟大精神何其气壮山河！

这是中华民族发展史上矗立起的又一座历史丰碑、精神丰碑！这座丰碑，凝结着中国共产党人矢志不渝的坚持坚守、博大深沉的情怀胸襟，辉映着科学理论的思想穿透力、时代引领力、实践推动力，镌刻着中国人民的奋发奋斗、牺牲奉献，彰显着中国特色社会主义制度的强大生命力、显著优越性。

因为感动，所以纪录；因为壮丽，所以丰厚。恢宏的历史伟业，必将留下深沉的历史印记，竖起闪耀的历史地标。

中央宣传部牵头，中央有关部门和宣传文化单位，省、市、县各级宣传部门共同参与组织实施"纪录小康工程"，以为民族复兴修史、为伟大时代立传为宗旨，以"存史资政、教化育人"为目的，形成了数据库、大事记、系列丛书和主题纪录片4方面主要成果。目前已建成内容全面、分类有序的4级数据库，编纂完成各级各类全面小康、脱贫攻坚大事记，出版"纪录小康工程"丛书，摄制完成纪录片《纪录小康》。

"纪录小康工程"丛书包括中央系列和地方系列。中央系列分为"擘画领航""经天纬地""航海梯山""踔厉奋发""彪炳史册"5个主题，由中央有关部门精选内容组织编撰；地方系列分为"全景录""大事记""变迁志""奋斗者""影像记"5个板块，由各省（区、市）和新疆生产建设兵团结合各地实际情况推出主题图书。丛书忠实纪录习近平总书记的小康情怀、扶贫足迹，反映党中央关于全面建成小康社会重大决策、重大部署的历史过程，展现通过不懈奋斗取得全面建成小康社会伟大胜利的光辉历程，讲述在决战脱贫攻坚、决胜全面小康进程中涌现的先进个人、先进集体和典型事迹，揭示辉煌成就和历史巨变背后的制度优势和经验启示。这是对全面建成小康社会伟大成就的历史巡礼，是对中国共产党和中国人民奋斗精神的深情礼赞。

历史昭示未来，明天更加美好。全面建成小康社会，带给中国人民的是温暖、是力量、是坚定、是信心。让我们时时回望小康历程，深入学习贯彻习近平新时代中国特色社会主义思想，深刻理解中国共产党为什么能、马克思主义为什么行、中国特色社会主义为什么好，深刻把握"两个确立"的决定性意义，增强"四个意识"、坚定"四个自信"、做到"两个维护"，以坚如磐石的定力、敢打必胜的信念，集中精力办好自己的事情，向着实现第二个百年奋斗目标、创造中国人民更加幸福美好生活勇毅前行。

目录

第一章　开篇		001
一　写在前面		004
二　走进贵州		007
三　时光走廊		013
第二章　征服贫困		025
一　忆往昔　艰苦卓绝		026
二　担重任　征战贫困		033
三　优战法　招招制胜		036
四　创奇迹　摆脱贫困		045
五　打胜仗　同步小康		072

第三章　全面小康　　　　　079
　一　安居乐业　迈进小康　　081
　二　乡村振兴　产业先行　　088
　三　增收致富　日子红火　　096
　四　美丽乡村　画卷长留　　101
　五　建设发展　永不止步　　106
　六　小康生活　幸福花开　　111

第四章　多彩家园　　　　　117
　一　自然生态　　　　　　　119
　二　民族文化　　　　　　　126
　三　山地体育　　　　　　　132
　四　生活休闲　　　　　　　138
　五　世界遗产　　　　　　　142

第五章　市州风采　　　155
一　贵阳市　贵安新区　　156
二　遵义市　　　　　　　161
三　六盘水市　　　　　　166
四　安顺市　　　　　　　170
五　毕节市　　　　　　　174
六　铜仁市　　　　　　　178
七　黔东南苗族侗族自治州　184
八　黔南布依族苗族自治州　190
九　黔西南布依族苗族自治州　196

第六章　展望　　　　　201
一　建设西部大开发综合
　　改革示范区　　　　206
二　建设巩固拓展脱贫攻坚
　　成果样板区　　　　212
三　建设内陆开放型经济新高地　217
四　建设数字经济发展创新区　222
五　建设生态文明建设先行区　226

后记　　　　　　　　　239

第一章

开篇

贵州是中国革命的圣地、福地、伟大转折地，在这块光荣的红色土地上，各族人民赤胆忠心跟党走、勤劳智慧创奇迹。未来，贵州将继续高举习近平新时代中国特色社会主义思想伟大旗帜，坚持以高质量发展统揽全局，围绕"四新"主攻"四化"，奋力谱写多彩贵州现代化建设新篇章。

2022年1月，国务院印发《关于支持贵州在新时代西部大开发上闯新路的意见》（国发〔2022〕2号，以下简称"国发〔2022〕2号文件"）指出，西部大开发战略实施特别是党的十八大以来，贵州经济社会发展取得重大成就，脱贫攻坚任务如期完成，生态环境持续改善，高质量发展迈出新步伐。

十年前，同样是1月，国务院出台《关于进一步促进贵州经济社会又好又快发展的若干意见》（国发〔2012〕2号），把贵州发展上升为国家战略。从此，贵州经济社会发展开创了赶超进位的"黄金十年"。

如今，再次聚焦贵州。国发〔2022〕2号文件指出，以习近平新时代中国特色社会主义思想为指导，全面贯彻党的十九大和十九届历次全会精神，按照党中央、国务院决策部署，坚持稳中求进工作总基调，完整、准确、全面贯彻新发展理念，加快构建新发展格局，推动高质量发展，坚持以人民为中心的发展思想，守好发展和生态两条底线，统筹发展和安全，支持贵州在新时代西部大开发上闯新路，在乡村振兴上开新局，在实施数字经济战略上抢新机，在生态文明建设上出新绩，努力开创百姓富、生态美的多彩贵州新未来，在全面建设社会主义现代化国家新征程中贡献更大力量。

牢记嘱托，感恩奋进。今天的贵州，将持续高举习近平新时代中国特色社会主义思想伟大旗帜，坚持以高质量发展统揽全局，围绕"四新"主攻"四化"，奋力谱写多彩贵州现代化建设新篇章。

◆ 贵州省境内山地和丘陵占全省土地面积的92.5%，是世界上溶岩地貌发育最典型的地区之一。贵州逢山开路，遇水架桥，全面打通了对外大通道。随着万桥飞架、县县通高速，天堑变通途，贵州变成了"高速平原"。图为黔西南州境内的马岭河大桥

一　写在前面

贵州地处西南腹地，万峰耸峙，沟壑纵横，喀斯特地貌广为分布。历史上，因为特殊地理地貌造成的交通阻塞、生态脆弱、田土稀少、饮水困难等问题，导致贫困阴影千百年来在贵州人心中挥之难去。明代贵州巡抚郭子章称贵州"为天下第一贫瘠之处"，王阳明叹息"连峰际天兮，飞鸟不通"。贫困一直束缚着贵州广大人民群众对美好生活的向往。

党的十八大以来，在习近平新时代中国特色社会主义思想指引下，在习近平总书记和党中央的亲切关怀下，在全国人民的大力支持下，贵州省委、省政府团

◆ 真山真水到处是，花溪布局更天然。图为享有"高原明珠"之美誉的贵阳市花溪区

结带领各族干部群众培育和弘扬"团结奋进、拼搏创新、苦干实干、后发赶超"的精神，牢记嘱托、感恩奋进、不屈不挠、艰苦奋斗，书写了中国减贫奇迹的精彩篇章。66个贫困县全部摘帽，923万贫困人口全部脱贫，从中国贫困人口最多的省成为减贫人数最多的省；192万贫困人口壮阔大迁徙，易地扶贫搬迁人数居全国之最；全面脱贫、同步小康，推动实现"黄金十年"快速发展；连续5年在国家脱贫攻坚成效考核中被评定为"好"，被誉为中国脱贫攻坚的"省级样板"……世界银行原行长金墉在贵州考察后赞扬："贵州的案例有着巨大启发性，对发展中国家具有借鉴意义。"如果说中国共产党百年历史是一部波澜壮阔的大书，那么，贵州摆脱千年绝对贫困则是其中可歌可泣的精彩篇章。

翻开这本书，重温这段彻底撕掉千百年来绝对贫困标签的伟大历程，重温这段中国共产党领导下发生在贵州大地的波澜壮阔的奋斗史，重温贵州脱贫攻坚的奋斗岁月，将激励我们不忘为中国人民谋幸福、为中华民族谋复兴，激发我们在新时代建功立业的豪情壮志。

006 | 全面建成小康社会贵州影像记

◆ 瀑声震天,十里相闻。图为位于贵州省安顺市的亚洲第一大瀑布——黄果树瀑布

二　走进贵州

贵州简称"黔"或"贵"，位于中国西南地区，东毗湖南，南邻广西，西连云南，北接四川和重庆，是一个风光秀丽、气候宜人、资源丰富、发展潜力巨大的省份。全省辖贵阳、遵义、六盘水、安顺、毕节、铜仁6个地级市，黔东南、黔南、黔西南3个民族自治州；设10个县级市、50个县、11个民族自治县、16个市辖区和1个特区，行政区划面积17.62万平方公里，其中民族自治地方辖区面积占全省总面积的55.5%。2021年末，全省常住人口3852万人，城镇人口比重54.33%。全省有汉族、苗族、布依族、土家族、侗族、彝族等18个世居民族。据2020年第七次全国人口普查数据显示，全省常住人口中少数民族人口占36.44%。

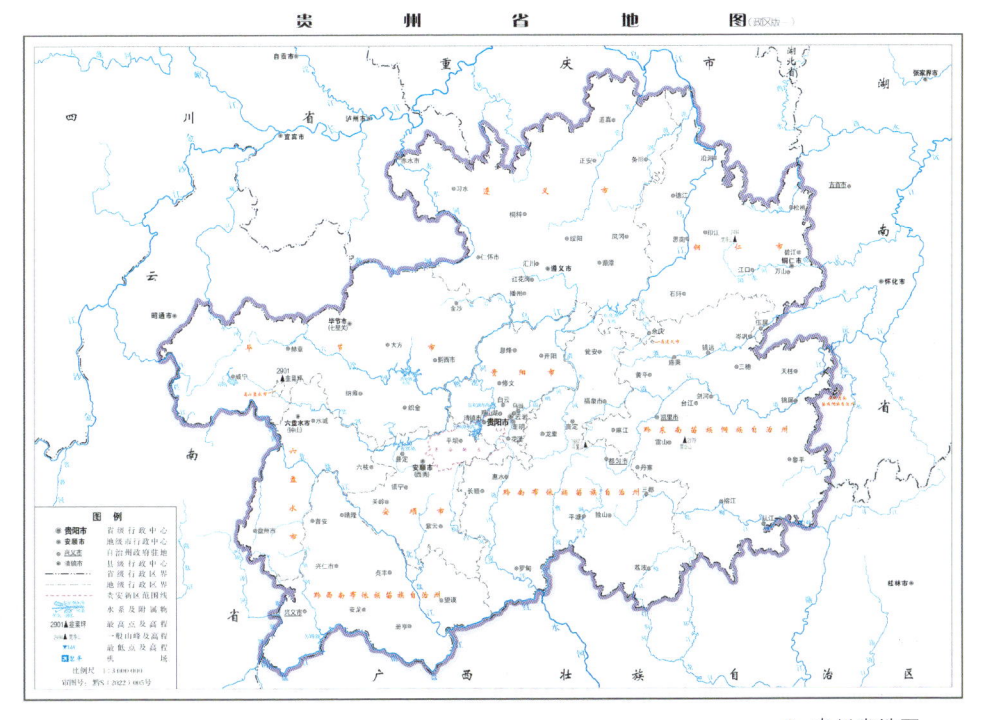

◆ 贵州省地图

◆ 1935年1月初，中国工农红军长征到达遵义后，于1月15日至17日召开中共中央政治局扩大会议，遵义会议成为中国共产党历史上一个生死攸关的转折点。图为遵义会议会址

贵州历史悠久。贵州是中国古人类发祥地之一，早在24万年前就有人类活动，创造了贵州史前文明。明永乐十一年（公元1413年）设置贵州布政使司，贵州正式成为省级行政单位。清雍正年间，贵州辖区地域基本形成。贵州具有光荣的革命历史，1930—1936年，红七军、红八军、红三军及红二军、红六军等先后在贵州开展革命活动，建立红色政权组织；1935年，中共中央政治局在贵州召开了著名的遵义会议。1949年11月15日，中国人民解放军解放省会贵阳，翻开了贵州历史发展的新篇章。

贵州自然风光优美。贵州地势西高东低，是喀斯特地貌发育最典型的地区之一。荔波喀斯特、赤水丹霞、施秉云台山、铜仁梵净山被列入《世界自然遗产名录》。奇山秀水、瀑布峡谷、溶洞石林等构成了迷人的"天然公园"。截至2022年3月，贵州有黄果树大瀑布、龙宫、马岭河大峡谷等18个国家级旅游景区；有赤水桫椤等11个国家级自然保护区；有国家级森林公园28个。

◆ 贵阳长坡岭国家森林公园

第一章 开篇

◆ 贵州省会贵阳又称"林城""筑城",因位于贵山之南而得名。爽爽贵阳、避暑之都。图为贵阳新貌

贵州气候舒适宜人。贵州处于亚热带温湿季风气候区,冬无严寒,夏无酷暑;降水丰富,雨热同季。全省大部分地区年平均气温在16℃,其中最冷月(1月)平均气温7.3℃,高于同纬度其他地区;最热月(8月)平均气温25℃,为典型的夏凉地区。省会贵阳市被誉为"中国避暑之都"。

贵州文化丰富多彩。贵州民族民俗文化保护较为完整,侗族大歌、苗族飞歌享誉海内外;阳明文化、夜郎文化、屯堡文化、土司文化独树一帜;明代著名思想家、文学家、军事家、教育家王阳明谪居龙场(今贵州省贵阳市修文县),成就了"心即理"和"知行合一"学说。贵州是红色文化的热土,红军足迹遍及贵州68个县。遵义会议是中国共产党历史上一个生死攸关的转折点,四渡赤水在中国革命战争史上有着非常重要的地位。

◆ 苗族锦鸡舞发源于黔东南州,是苗族芦笙舞中别具一格的民族特色舞蹈

贵州资源禀赋良好。能源资源优势明显。煤炭保有储量居全国第 5 位，水能资源居全国第 6 位，能源资源具有"水火互济"的优势，为发展火电、实施"西电东送"和发展煤化工业提供了资源保障。矿产资源十分丰富。已发现矿产（含亚矿种）137 种，其中 88 种探明了资源储量，重晶石、汞矿、锰矿等资源储量位居全国第一。生物资源种类繁多。有野生动物 1000 多种，列为国家一级保护动物的有黔金丝猴、黑叶猴、黑颈鹤等 10 多种；药用植物 4000 多种，占全国中草药品种的 80%，是全国道地中药材四大产区之一，有"黔地无闲草、处处多良药"之美誉。天麻、杜仲、黄连、吴萸、石斛等道地药材享誉国内外。珍稀植物中，列为国家一级保护植物的有银杉、珙桐、桫椤、贵州苏铁等 15 种。

◆ 铜仁市沿河县境内的黑叶猴

◆ 生态风力发电，助力乡村振兴。图为毕节市龙头山风力发电场

◆ 贵阳龙洞堡国际机场

贵州区位优势明显。贵州是西南重要陆路交通枢纽。近年来，贵州交通条件加速改善，是中国西部地区第一个县县通高速的省份，贵广高铁、沪昆高铁、黔渝高铁陆续通车运营，实现了与珠三角、长三角、京津冀、成渝地区的快速连接；通航机场实现市州全覆盖，贵阳机场通航城市上百个；乌江水运全线复航，可直通长江。

贵州经济发展稳中有进。贵州全省上下坚持以习近平新时代中国特色社会主义思想为指导，全面贯彻党的十九大和十九届历次全会精神，坚决贯彻落实习近平总书记视察贵州重要讲话精神，在中共贵州省委、省政府坚强领导下，坚持稳中求进工作总基调，按照"一二三四"总体思路，全力围绕"四新"主攻"四化"，统筹疫情防控和经济社会发展，全省经济发展稳中有进、持续向好，高质量发展迈出坚实步伐，实现"十四五"良好开局。2021年，贵州全省生产总值19586.42亿元，比上年增长8.1%；城镇常住居民人均可支配收入39211元，比上年名义增长8.6%；农村常住居民人均可支配收入12856元，比上年名义增长10.4%；森林覆盖率达62.1%，中心城市空气质量优良天数比率达98%以上；主要河流出境断面水质优良率保持100%。

2022年，贵州继续坚持稳中求进工作总基调，完整、准确、全面贯彻新发展理念，加快融入新发展格局，坚持以高质量发展统揽全局，守好发展和生态两条底线，抢抓新机遇，深入实施乡村振兴、大数据、大生态三大战略行动，紧紧围绕"四新"主攻"四化"，巩固拓展脱贫攻坚成果，全面深化改革开放，坚持创新驱动发展，统筹发展和安全，确保高质量发展取得更大成效，努力开创百姓富、生态美的多彩贵州新未来！

◆ 安顺市坝陵河大桥

三 时光走廊

2012 年 小康不小康，关键看老乡

党的十八大召开后不久，党中央就强调，"小康不小康，关键看老乡，关键在贫困的老乡能不能脱贫"，承诺"决不能落下一个贫困地区、一个贫困群众"，由此拉开了新时代脱贫攻坚的序幕。

2012 年 12 月，贵州省第十一次党代会指出：贫困，不是贵州永久的标签；无奈，更不是贵州人的本质常态；贵州是一片充满希望、前景广阔的热土，贵州人将在不甘落后、顽强奋斗中实现崛起！

✦ 贵州省黔南州长顺县"背篼干部"用双肩背出了与人民群众的鱼水情深。图为 2012 年当地"背篼干部"为村民背送生活物资

2013 年　党中央提出精准扶贫理念

2013 年党中央提出精准扶贫理念，创新扶贫工作机制。

2013 年 2 月，贵州省委、省政府召开全省扶贫开发工作会议，认真学习贯彻党的十八大精神和习近平总书记关于扶贫开发工作的重要讲话精神。

◆ 贫困户资料统一归档：精准扶贫，贵在精准

◆ 在六盘水至昆明的铁路上，6061 及 6081 两趟绿皮慢车行驶。为方便沿线村民堆放农产品，两趟列车都拆掉了一两节车厢座椅。图为 2013 年 1 月村民坐绿皮慢车去销售农产品

2014年　改革创新推进扶贫开发

2014年4月，贵州省出台《关于以改革创新精神扎实推进扶贫开发工作的实施意见》，增强扶贫开发活力，提高扶贫工作成效。

◆ 电商助推"黔货出山"。图为黔东南州从江县村民正在电商云体验店体验

◆ 2014年贵州大数据发展正式启航。图为位于贵阳市高新区的国家大数据（贵州）综合试验区展示中心在当时的展示内容

2015年 "六个精准" "五个一批"

2015年党中央召开扶贫开发工作会议，提出实现脱贫攻坚目标的总体要求，要求做到扶持对象精准、项目安排精准、资金使用精准、措施到户精准、因村派人精准、脱贫成效精准"六个精准"，实施发展生产脱贫一批、易地搬迁脱贫一批、生态补偿脱贫一批、发展教育脱贫一批、社会保障兜底一批"五个一批"，发出打赢脱贫攻坚战的总攻令。

2015年10月，贵州省委印发《中共贵州省委 贵州省人民政府关于坚决打赢扶贫攻坚战确保同步全面建成小康社会的决定》，深入贯彻落实习近平总书记视察贵州重要讲话精神。

◆ 贵州把关爱留守儿童工作作为一项重要的民生工程，为留守儿童健康成长营造良好的环境。图为专为留守儿童打造的课堂

◆ 贵州加快交通基础设施建设，让"山地高原"变"高速平原"，更是在西部省份中第一个实现了"县县通高速"。图为位于贵阳市开阳县境内的贵遵高速复线"新田坡特大桥"。

2016年 高位推动：法制化推动大扶贫

2016年11月，《贵州省大扶贫条例》正式施行，贵州率先通过法制化方式推动大扶贫战略行动。

◆ 2016年9月30日，贵州省举行《贵州省大扶贫条例》新闻发布暨宣传贯彻实施座谈会。图为会议现场

◆ 2016年颁布的《贵州省大扶贫条例》成为国内推动扶贫工作的法规范本

2017年　决战决胜脱贫攻坚

党的十九大把精准脱贫作为"三大攻坚战"之一进行全面部署，锚定全面建成小康社会目标，聚力攻克深度贫困堡垒，决战决胜脱贫攻坚。

贵州省第十二次党代会指出，紧密团结在以习近平同志为核心的党中央周围，决胜脱贫攻坚、同步全面小康，奋力开创百姓富、生态美的多彩贵州新未来。

◆ 2017年党的十九大报告

2018年 打赢脱贫攻坚战三年行动发起总攻

2018年贵州按照中央要求,结合贵州实际,出台一系列政策举措,探索一系列精准管用的"贵州战法",连续三年开展"春风行动""夏秋攻势""秋后喜算丰收账""冬季充电"等行动。

2018年6月,贵州省委十二届三次全会通过《中共贵州省委 贵州省人民政府关于深入实施打赢脱贫攻坚战三年行动发起总攻夺取全胜的决定》;8月,为深入贯彻落实习近平总书记对毕节试验区的重要指示精神,贵州省委、省政府召开支持毕节试验区按时打赢脱贫攻坚战建设贯彻新发展理念示范区推进大会,出台《中共贵州省委 贵州省人民政府关于支持毕节试验区按时打赢脱贫攻坚战夯实贯彻新发展理念示范区建设基础的意见》。

◆ 2018年脱贫攻坚春风行动令　　◆ 2018年脱贫攻坚夏秋攻势行动令

2019 年　深入推进农村产业革命

2019 年 6 月，贵州省委十二届五次全会通过《中共贵州省委 贵州省人民政府关于深入推进农村产业革命坚决夺取脱贫攻坚战全面胜利的意见》，为按时打赢脱贫攻坚战提供更加有力的政策支撑。

◆ "沪遵劳务直通车"，2019 年第一批有组织劳务输出欢送仪式在遵义市人力资源市场举行

◆ 一片茶叶致富一方。黔西南州布依族妇女展示采摘的春茶

2020年　如期完成新时代脱贫攻坚目标任务

党的十八大以来，经过8年的持续奋斗，到2020年底，中国如期完成新时代脱贫攻坚目标任务，现行标准下9899万农村贫困人口全部脱贫，832个贫困县全部摘帽，12.8万个贫困村全部出列，区域性整体贫困得到解决，完成了消除绝对贫困的艰巨任务。

2020年11月23日，贵州省紫云、纳雍、威宁、赫章、沿河、榕江、从江、晴隆、望谟9个贫困县宣布正式退出贫困县序列，这标志着贵州66个贫困县全部实现脱贫摘帽。

◆ 红红火火好日子。图为毕节市大方县村民在整理晾晒的辣椒

◆ 昔日贫困村，今朝大变样。图为山清水秀的毕节市黔西市化屋村新貌

2021年　开启中国特色社会主义乡村振兴之路

2021年2月25日，习近平总书记在全国脱贫攻坚总结表彰大会上庄严宣告，脱贫攻坚战取得了全面胜利，中国完成了消除绝对贫困的艰巨任务。

2021年4月23日贵州省脱贫攻坚表彰大会在贵阳召开，经过这场感天动地的脱贫攻坚大战，贵州的山乡面貌发生了历史性的巨变，农村产业取得了历史性突破。同年4月，贵州省委召开十二届九次全会，深入贯彻落实习近平总书记视察贵州重要讲话精神。巩固拓展脱贫攻坚成果，有效衔接乡村振兴，向着全面建设社会主义现代化国家的历史宏愿，向着实现第二个百年奋斗目标奋勇前进。

◆ 不忘初心、牢记使命、砥砺前行。2021年，"中国减贫奇迹的精彩篇章——贵州脱贫攻坚成就展"在贵阳开展

◆ 人民群众的生活环境美如画。图为毕节市大方县新农村建设示范点——兴隆乡菱角村

2022年　高质量发展：在新时代西部大开发上闯新路

2022年，《国务院关于支持贵州在新时代西部大开发上闯新路的意见》（国发〔2022〕2号）重磅发布，明确了贵州要做西部大开发综合改革示范区、巩固拓展脱贫攻坚成果样板区、内陆开放型经济新高地、数字经济发展创新区、生态文明建设先行区等战略定位，提出了到2025年、2035年的发展目标。

◆ 贵州抢抓大数据发展机遇，大力培育大数据产业新模式、新业态。图为贵安新区电子信息（大数据）产业孵化园的科技公司智能终端生产线

◆ 黔山秀水中的一道亮丽风景线——高铁开进苗乡侗寨

◆ 贵州加快"强省会"建设,大力实施"强省会"五年行动。图为省会贵阳市观山湖区金融城

第二章

征服贫困

上下同心　尽锐出战　精准务实
开拓创新　攻坚克难　不负人民

——脱贫攻坚精神

一 忆往昔 艰苦卓绝

绝对贫困曾是贵州沉重的标签，由于基本公共服务历史欠账多，行路难、吃水难、用电难、上学难、就医难、住房难等制约了贵州经济社会发展，制约了贵州与全国同步全面建成小康社会的进程和贫困群众脱贫致富的步伐。

（一）行路难

山径蜿蜒，道路崎岖；一边悬崖，一边峭壁；晴天尘土满鞋，雨天泥泞满身。1978年，17余万平方公里的贵州，全省公路通车里程仅3.06万公里，群众出行十分困难。

◆ 山道崎岖路难行，人背马驮最艰辛。上图为2009年毕节市威宁县的通村道路，下图为20世纪80年代黔南州龙里县草原乡道路

(二) 吃水难

喀斯特地貌广布的贵州，岩溶地质留不住水，工程性缺水成为贵州发展的瓶颈之一。新中国成立初期，贵州全省塘库总蓄水量只有0.2133亿立方米，蓄、引、提各类水利工程总计保证灌溉面积148万亩，只占当时全省稻田面积的12.1%。

◆ 2013年6月，在旱情最严重的遵义市桐梓县马孔村，村民只能下到很深的溶洞里去背水，背一趟水需要30~40分钟

◆ 2010年4月，六盘水市盘县滑石乡雷打山村严重干旱，土地龟裂

（三）用电难

电不通，贵州大山深处的生活"暗淡无光"。"日出而作、日落而息"生活的背后，是渴望光明而不得的无奈与失落。1978年，贵州省发电装机容量为107.2万千瓦，只占全国装机容量的1.8%。

◆ 20世纪60年代，贵州依靠人抬肩扛，搬运大型水泥电杆上山

◆ 20世纪80年代，贵州农村苗族同胞使用煤油灯照明

（四）上学难

稀缺的师资、简陋的校舍、残缺的课桌、崎岖的上学路……"老师进不来、学生走不出"的严峻现实阻遏了无数孩童求知的渴望。

◆ 20世纪六七十年代，贵州农村学校的教室里只有黑板，每个学期开学时，孩子们都背着自己家里的桌椅来到学校，放假了再背回去。超过三分之一的孩子回家要走2~3个小时的山路

◆ 2003年，在六盘水市六枝特区陇戛民族小学，教室不够用，学生们只能在教室外面轮流等待上课

（五）就医难

在过去，贵州广大乡村群众的健康，是靠背着简单药箱的"赤脚医生""索道医生"在崎岖的山路上奔波维系。医疗卫生发展起点低、条件差、设备简陋、人才稀缺，群众缺医少药的现象十分突出。1978年，贵州省医疗卫生机构总计6274个，医务工作者仅为5.82万人，卫生机构床位数4.03万张，远远低于全国平均水平。

◆ 2011年7月，毕节市威宁县海拉乡卫星村的彝族乡村医生给76岁的老人治疗

◆ 1975年，花溪人民公社的赤脚医生在为当地少数民族同胞看病

（六）住房难

房屋老旧、危房众多、透风漏雨曾是贵州农村居住环境的真实写照。无以安居，何以乐业？

◆ 安顺市西秀区鸡场乡旧民居

◆ 黔西南州望谟县麻山镇旧民居

◆ 黔东南州镇远县旧民居

（七）生态脆弱

没有平原支撑、喀斯特地貌遍布的贵州，涵水不易，固土艰难，生态脆弱，土地破碎，耕地稀少。为了生存，贵州人民的生活一度陷入"越垦越穷、越穷越垦"的怪圈。

◆ 20世纪80年代，毕节地区水土流失严重

◆ 20世纪90年代黔西南州贞丰县顶坛片区，95%的土地为石旮旯

二　担重任　征战贫困

贵州曾是全国贫困人口最多、贫困面最大、贫困程度最深的省份，是全国脱贫攻坚的主战场之一。1978年全省农村贫困人口数为1840余万人，到2012年仍有923万人（按当时贫困线标准核算）；全国14个连片特困区中，贵州占了3个；贵州省88个县（区、市）就有66个是贫困县，934个贫困乡、9000个贫困村，其中，深度贫困县14个。

改革开放后，在党中央的大力支持下，贵州开始有组织、有计划、大规模地扶贫。经过体制改革推动扶贫、大规模开发式扶贫、"八七"扶贫攻坚、新阶段扶贫开发和新时期扶贫开发等重要阶段，贵州扶贫取得重大成效，贫困发生率从1978年的77.3%下降到2012年的26.8%，直至2020年全面脱贫。

（一）习近平总书记关心贵州脱贫攻坚工作

2014年3月，习近平总书记参加全国两会贵州代表团审议，要求贵州扎实推进扶贫开发工作，实施精准扶贫。

2015年6月，习近平总书记亲临贵州视察，强调贵州的扶贫开发任务十分繁重，要求贵州要把扶贫开发工作抓紧抓紧再抓紧，做实做实再做实，坚决打赢扶贫开发这场攻坚战。

2017年10月，习近平总书记参加党的十九大贵州省代表团讨论并发表重要讲话，强调实现第一个百年奋斗目标，重中之重是打赢脱贫攻坚战。脱贫攻坚已经进入倒计时，绝不能犹豫懈怠，发起总攻在此一举。

2018年7月，习近平总书记对贵州毕节试验区工作作出重要指示，要求贵州尽锐出战，务求精准，确保按时打赢脱贫攻坚战。

2021年2月，在脱贫攻坚战取得全面胜利的重大时刻，习近平总书记亲临贵州视察指导，称赞贵州脱贫攻坚任务如期完成对全国打赢脱贫攻坚战具有重要意义。

（二）牢记嘱托　感恩奋进

在习近平新时代中国特色社会主义思想指导下，贵州省委、省政府不忘初心、牢记使命，始终把脱贫攻坚作为头等大事和"第一民生工程"，特别是党的十八大以来，坚持以脱贫攻坚统揽经济社会发展全局，精准施策，大胆创新，形成一系列脱贫攻坚创新战法，极大地丰富了中国贫困治理的经验，全力啃下了全国脱贫攻坚主战场的"硬骨头"。

贵州全省决战贫困的决心坚如磐石，一张蓝图绘到底，牢记嘱托始终如一，紧盯目标始终如一，苦干实干始终如一。

2017年8月，贵州省深度贫困地区脱贫攻坚工作推进大会在贵阳召开。

贵州省委常委会高频次研究脱贫攻坚工作，省政府每次召开常务会至少有一个脱贫攻坚方面的议题，省委、省政府主要负责同志逢会必讲脱贫攻坚、调研必看脱贫攻坚，脱贫攻坚已成为省委、省政府工作的重中之重。

贵州坚持志智双扶，激发脱贫内生动力，深入开展"牢记嘱托、感恩奋进"

◆ 2017年9月举办的贵州省农村"组组通"公路三年大决战劳动竞赛誓师大会

教育，引导贫困群众摒弃"靠着墙根晒太阳、等着政府送小康"的思想，点燃了贫困群众创造美好生活的激情。党员干部打头阵，各方英才战深贫。"五级书记"率先垂范，贵州每年保持4.5万余名第一书记和驻村干部驻村帮扶，累计选派21.32万名第一书记和驻村干部开展帮扶工作，实现对贫困村全覆盖。

◆ 铜仁市思南县驻村干部王明礼（前排右一）在茶场与队友察看茶情

◆ 安顺市紫云县板当镇洛麦村驻村第一书记严召波（左一）在扶贫现场指导农户种植食用菌

◆ 六盘水市钟山区海嘎村第一书记杨波（左五）与村民座谈

三　优战法　招招制胜

贵州战法，招招制胜。"攻坚战""歼灭战"等十场"战役"整体联动、协调并进成为"系统工程"，破解了世界级脱贫难题，推动贵州大地发生了翻天覆地的历史巨变，书写了减贫奇迹的精彩篇章。

（一）打好环环相扣"攻坚战"

坚持高位推动，始终保持脱贫攻坚不放松、不停顿、不懈怠，贵州连续三年召开省委全会专题研究部署脱贫攻坚工作。2017年至2019年连续三年实施"春季攻势""夏秋决战""冬季充电"攻坚行动，2020年发起"冲刺90天、打赢歼灭战行动"，提振和凝聚了干部一鼓作气、一战到底的精气神。

◆ 脱贫攻坚"冬季充电"青年先锋大讲习

要致富，先修路。"组组通"打通了贵州农村出行"最后一公里"。图为黔南州长顺县广顺镇花红村新院至朵寨通组路

（二）打好深度贫困"歼灭战"

坚持聚焦难点，以深度贫困县、贫困村为突破口和主抓手，推动扶贫资金、帮扶力量、东西部扶贫协作、基础设施建设向深度贫困地区聚焦。集中优势兵力，把最能"打仗"的干部派到最需要攻坚的地方，深度贫困县、极贫乡镇全部由省领导包保。中央部署的贵州省重大基础设施建设项目优先在深度贫困地区布局，省级规划的脱贫攻坚年度项目优先在深度贫困地区实施。

（三）打好农村产业革命"大会战"

坚持产业主导，从2018年开始，全省掀起一场振兴农村经济的产业革命，探索推行"八要素"，提出优化工作举措的"五个三"，推动传统农业向现代农业的"六个转变"，为持续增收、防止返贫和实现乡村振兴奠定了坚实基础。

产业选择　培训农民　技术服务　资金筹措　组织方式　产销对接　利益联结　基层党建

◆ 产业革命八要素

◎ 六个转变

1 从自给自足向参与现代市场经济转变
2 从主要种植低效作物向种植高效经济作物转变
3 从粗放量小向集约规模转变
4 从"提篮小卖"向现代商贸物流转变
5 从村民"户自为战"向形成紧密相连的产业发展共同体转变
6 从单一种植养殖向一二三产业融合发展转变

◎ 五个三

1 巩固拓展省内、东部、"黔货出山进军营"三大市场
2 提高标准化、规模化、品牌化三化水平
3 壮大流通型龙头企业、农村经纪人队伍、农村电商三大销售主力
4 促进三次产业融合发展
5 强化资金支持、科技服务、农业设施三个保障

◆ 毕节市威宁县推广万寿菊种植,促进农民增收

◆ 安顺市普定县穿洞街道办新中田坝区韭黄种植基地

（四）打好易地扶贫搬迁"持久战"

坚持系统推进，把搬迁作为解决"一方水土养不起一方人"问题的治本之策，实施全国最大规模的易地扶贫搬迁。在安置点建设阶段，创新"六个坚持"，在搬迁的同时构建"五个体系"，实现搬迁群众搬得出、稳得住、逐步能致富。2016年和2019年的全国易地扶贫搬迁现场会两次在贵州召开，2017年、2019年、2020年贵州受到国务院表扬激励。2020年，国家发改委对2019年易地扶贫搬迁工作成效明显、综合评价排名前十的省份进行通报表扬，贵州排名第一。

◆ 搬出大山，奔向新生活。"十三五"时期，贵州易地扶贫搬迁192万人，从源头上破解了"一方水土养不起一方人"的脱贫难题。图为毕节市大方县奢香古镇易地扶贫搬迁安置点

（五）打好补齐短板"突破战"

坚持基础建设先行，2015年贵州在西部地区率先实现县县通高速公路基础上，2017年还启动农村"组组通"硬化路三年大决战，不到两年的时间建成7.87万公里通组路，实现3.99万个30户以上村民组100%通硬化路，惠及1200万农村人口，破解了长期制约贵州农村发展的交通瓶颈问题。在全省大兴水利建设，累计开工建设336座大中小型水库。提前一年完成国家新一轮农村电网改造升级，实现所有贫困村通动力电。大力实施"宽带乡村"工程和"智慧广电"工程，所有行政村通光纤网络或4G网络。

◆ 毕节市织金县官寨乡麻窝村美丽乡村路

◆ 黔东南州从江县"小康电"施工现场

第二章　征服贫困

◆ 坚持创新引路，科技助力扶贫。图为贵州扶贫云操作界面

（六）打好大数据助力扶贫"科技战"

坚持创新引领，贵州充分发挥大数据战略优势，运用大数据对脱贫攻坚进行精准、动态、科学管理，在全国率先建成扶贫工作专项系统——贵州扶贫云，汇聚融合扶贫领域有关行业部门数据，实时全面掌握全省贫困人口"一达标、两不愁、三保障"等情况，动态监测分析各类帮扶措施实施效果，推动脱贫攻坚工作更加信息化、高效化、精准化。

◆ 贵澳农旅产业示范园，集种、产、供、销、研为一体的大数据农旅示范基地

◆ 企业协助帮扶黔东南州丹寨县打造的旅游小镇

◆ 深圳市帮扶建设的黔南州荔波县人民医院

(七) 打好对口帮扶"协作战"

坚持互利共赢,创新协作模式,全面推行教育、医疗"组团式"帮扶,通过引进专业技术、管理模式、制度理念等,贵州省培养了一批"带不走"的高素质教师、医生队伍。全面推行"东部企业＋贵州资源""东部市场＋贵州产品""东部总部＋贵州基地""东部研发＋贵州制造"的"四加"合作模式,实现双方互利共赢。

（八）打好全社会参与"合围战"

坚持汇聚力量，创新社会力量"包市包县"帮扶举措，积极引导社会力量参与脱贫攻坚，在统筹推进国有企业"百企帮百村"、民营企业"千企帮千村"行动基础上，全力推进大型民营企业帮扶毕节市、丹寨县。同时，贵州省茅台集团等20家国有企业结对帮扶20个贫困县，实现帮扶深度贫困县的全覆盖。

（九）打好依法治贫"保卫战"

坚持法治观念，以法制化、规范化方式推动大扶贫战略行动。2016年，贵州创新颁布《贵州省大扶贫条例》，统领全省减贫工作，获得全国推广。率先制定的《贵州省精准扶贫标准体系》，形成了一套系统、清晰、便于操作的贵州脱贫攻坚工作规范。

◆ 企业帮扶毕节市打造的现代农业产业园

◆ 铜仁市玉屏县一家食用菌生产企业，工人在养菌车间运菌棒

(十)打好作风纪律"监督战"

坚持最严要求,以铁的纪律保障脱贫攻坚质量和成色,组建省、市(州)、县三级扶贫与民生监督检查,聚焦扶贫领域群众反映强烈的热点、焦点问题,每年开展两次以上专项监察。常态化开展"访村寨、重监督、助攻坚"专项行动,对拟摘帽退出贫困县开展"回头看"专项巡视。为落实"六个精准",率先开通"省委、省政府扶贫专线",成为全国第一条省级党委政府面向贫困群众的热线电话,确保群众反映事项"件件有落实、事事有回音"。

◆ 黔东南州锦屏县纪委监委扶贫与民生监督室干部在隆里乡华寨村核实机耕道建设项目质量达标情况

◆ 安顺市西秀区纪委监委专项监督检查组到大西桥鲍家屯村实地了解农村危房改造工作情况

四　创奇迹　摆脱贫困

脱贫有多难，这片土地上的人就有多拼。曾经，贵州顶着脱贫的巨大问号，如今，贵州人把这个问号变成了巨大的惊叹号，书写了中国减贫史上的贵州奇迹。贵州各项事业取得巨大成就，被习近平总书记赞誉为党的十八大以来党和国家事业大踏步前进的一个缩影。

从全国贫困人口最多的省到减贫人数最多的省，在国家脱贫攻坚成效考核中连续 5 年综合评价为"好"，贵州开拓创新脱贫攻坚工作做法，彻底摆脱绝对贫困，与全国同步奔小康。

◆ 推进教育扶贫，阻断贫困代际传递。2016 年，惠水县共帮扶贫困学生 30139 人次，帮扶资金达 3755.887 万元。图为当地小学生在校园

贵州开拓创新脱贫攻坚工作做法

1 深入开展"牢记嘱托、感恩奋进"教育,脱贫攻坚始终沿着习近平总书记指引的正确方向前进。	2 创新落实"一把手"负责制,省委、省政府主要领导率先垂范,真正把脱贫攻坚作为统揽全局的头等大事和第一民生工程抓紧抓实。	3 创新来一场振兴农村经济的深刻的产业革命,广大贫困群众稳定脱贫、持续增收。
4 创新推行易地扶贫搬迁"六个坚持""五个体系",让搬迁群众搬得出、稳得住、逐步能致富。	5 创新推行"五步工作法",推动脱贫攻坚工作落地落实,更加有章可循。	6 创新开展"五个专项治理",脱贫攻坚存在问题得到及时有效解决。
7 创新明确省、市(州)、县四大班子、各级各部门在脱贫攻坚战场上找准位置,承担任务,把最能"打仗"的精锐部队派到最需要攻坚的地方。	8 创新颁布施行《贵州省大扶贫条例》,以法治化方式推动大扶贫战略行动。	9 创新资金筹集模式,脱贫攻坚主战场上"弹药粮草"充足。
10 创新按季度实施"攻坚行动",推动脱贫攻坚连战连胜、再战再捷。	11 创新实施"四场硬仗",全面解决"两不愁三保障"突出问题。	12 创新实施"四个聚焦",全力攻克深度贫困堡垒。
13 创新推进"3+1"成果巩固拓展,保证脱贫攻坚质量高、成色足、成效可持续。	14 创新实施农村"组组通"硬化路,打通贫困地区脱贫致富路的"最后一公里"。	15 创新系统部署就业扶贫,建档立卡贫困户、易地扶贫搬迁户和边缘户劳动力充分稳定就业、稳住收入。
16 创新在东西协作中实施教育、医疗"组团式"帮扶,持续提升贫困地区教育医疗水平。	17 创新开展澳门特别行政区帮扶行动,脱贫攻坚在"一国两制"伟大实践中创造成功经验。	18 创新开展民营企业"包市包县"帮扶,广泛凝聚脱贫攻坚磅礴力量。
19 创新推动大数据与扶贫工作深度融合,脱贫攻坚更加高效化、精准化。在率先推行"精准扶贫四看法"、建档立卡的基础上,建立完善"贵州扶贫云"信息系统。	20 创新推行"三变"改革,激发脱贫攻坚新动能。	21 创新建立防贫监测预警保障机制,防范脱贫人口返贫和非贫困人口致贫。
22 创新党建模式促脱贫攻坚,基层党组织成为带领群众脱贫致富的坚强战斗堡垒。	23 创新采取系列"硬核"举措应对疫情影响,把耽误的时间抢回来,把遭受的损失补回来。	

（一）基础设施建设翻天覆地

贵州攻坚克难，力破瓶颈，天堑变通途，高峡出平湖，电网进万家，全省基础设施建设大踏步前进，筑牢了发展之基。

1. 交通：天堑变通途

贵州率先在西部实现县县通高速公路，在山地丘陵高原上打造了一马平川、四通八达的"交通平原"，昔日"地无三尺平"的贵州，如今万桥飞架，天堑变通途。

贵州在实现县县通高速、村村通柏油路的基础上，实施全省农村"组组通"硬化路三年大决战，在西部地区率先实现30户以上自然村寨100%通硬化路，惠及近4万个村寨1200万农村人口，打通了贫困地区脱贫致富"最后一公里"。广大农民群众"出门硬化路、抬脚上客车"，克服了"深山阻断"，摆脱了"贫困桎梏"，踏上了乡村振兴新征程。

◆ "组组通"筑就幸福路。图为毕节市威宁县海拉镇"溜索改桥"的今昔对比

◆ 夜以继日修通车道路。图为黔西南州册亨县通村路建设中

◆ "出门硬化路，抬脚上客车。"图为毕节市威宁县农村客运班车行驶在宽阔的乡村柏油路上

2. 水利：治水兴黔

新中国成立以来，贵州持续大兴水利建设，水利经过从保障粮食安全到经济安全再到生态安全的发展历程，实现了由传统水利向现代水利、从资源水利向生态水利的重大转变。

回顾贵州水利建设历程，特别是"十三五"时期，贵州坚持以脱贫攻坚为统揽，着力打好"六场战役"（水利建设大会战、农村饮水安全攻坚战、水旱灾害防御战、水生态保卫战、水利改革攻关战和疫情防控阻击战），贫困地区水利基础明显改善，城乡供水保障能力大幅提升，水旱灾害防御能力全面增强，水资源管理制度全面从严，水生态治理成效明显，江河水质持续改善，人民群众生活幸福美好。

2021年，全省共落实水利投入317.58亿元，完成全口径水利投资272.90亿元，水利工程年供水保障能力已达132亿立方米。

◆ 一泓清泉映照幸福生活。图为六盘水市盘县（现盘州市）长海子水库除险建成前后对比

3. 电力电讯：电网宽带村村通

贵州围绕"安全可靠、智能绿色"的目标全力开展"小康电"建设，受益群众1270万余人。充足可靠的电力，为贵州贫困地区开展节水灌溉、发展设施农业、实现产业升级创造了有利条件。农村电网改造升级，实现了所有行政村通动力电的目标，电能质量基本保障，让贫困户生活用电不愁。

2016年至2020年，贵州实施信息通信"网络扶贫"攻坚工程，实现全省行政村光纤、4G村村通，贫困乡镇宽带网络全覆盖。

◆ 电网宽带村村通，网络扶贫成效大。上图为网络建设者在教黔南州罗甸县村民使用手机，下图为黔西南州兴义市电力部门保障蘑菇小镇生产车间电力使用

(二)农村产业革命——唤醒千年沉寂的土地

"来一场振兴农村经济的深刻的产业革命!"贵州科学精准制定施工图,舞动指挥棒,走出一条产业发展助推脱贫攻坚、接力乡村振兴的新路子。

为加快农业现代化,奋力推进农业大发展,努力建设现代山地特色高效农业强省,贵州坚持省领导领衔推进农业特色优势产业联席会议制度,由省委常委或省政府副省长分别领衔推进蔬菜、生猪、辣椒、生态家禽、食用菌、牛羊、特色林业(竹、油茶、花椒、皂角)、中药材(石斛)、刺梨、生态渔业、水果、茶叶等12个农业特色优势产业发展,省委、省政府主要同志为召集人,各领衔省领导为副召集人,相关单位主要负责同志为成员,负责统筹研究谋划农业特色优势产业发展重大部署,以推动农业高质量发展。

◆ 乡村振兴,产业先行。图为贵阳市花溪区红米基地

◆ 小刺梨做成大产业，贵州山地特色产业助农增收。图为黔南州龙里县刺梨生产车间

◆ 稻花香里说丰年。图为村民在收割水稻

（三）易地扶贫搬迁——一步跨千年

"十三五"时期，贵州完成易地扶贫搬迁192万人，搬出了脱贫攻坚新成效，全省三分之一贫困人口通过搬迁实现脱贫，从源头上破解了"一方水土养不起一方人"的脱贫难题。

"十三五"时期，贵州省累计建成949个集中安置点，建成安置住房46.5万套。截至2020年11月底，全省搬迁劳动力实现就业88.64万人，综合就业率91.92%，实现"一户一人"以上稳定就业目标。

在实践中探索出的"六个坚持""五个体系"等一系列措施，使贵州走出了一条独具特色、成效明显的易地扶贫搬迁之路。

◆ 易地扶贫搬迁，搬迁群众一步跨千年，同步迈小康。图为安顺市开发区幺铺镇龙井村易地扶贫搬迁群众生活前后对比

◎ "六个坚持"统筹规划"怎么搬"

1 坚持省级统贷统还
2 坚持贫困自然村寨整体搬迁为主
3 坚持城镇化集中安置
4 坚持以县为单位集中建设
5 坚持不让贫困户因搬迁而负债
6 坚持以产定搬、以岗定搬

◆ 易地扶贫搬迁，政治效果明显，经济效果显著，社会效果良好，生态效果突出。波澜壮阔的大搬迁，是贵州人民在脱贫攻坚史上创造的一个奇迹。上图为黔西南州册亨县高洛新市民居住区，下图为遵义市正安县瑞濠街道易地扶贫安置点

◎ "五个体系"系统解决"搬后怎么办"

1. 基本公共服务体系建设，使搬迁群众生活上"过得暖心"
2. 培训和就业服务体系建设，使搬迁群众对后续发展"充满信心"
3. 文化服务体系建设，使搬迁群众精神上"感到舒心"
4. 社区治理体系建设，使搬迁群众在社区里"住得安心"
5. 基层党建体系建设，使搬迁群众对未来"坚定决心"

◆ 铜仁市玉屏县易地搬迁群众在易地扶贫搬迁安置区"微工厂"加工藤椅，实现家门口就业

◆ 易地扶贫搬迁后，孩子们在整洁明亮的教室上课

（四）攻坚"3+1"——补短板、强弱项

贵州积极做好"一达标、两不愁、三保障"及农村饮水安全工作。从"没学上"到"上好学"，从"看病难"到"有'医'靠"，从"忧居"到"优居"，从"望天水"到"幸福泉"，贵州全力补齐"三保障"和农村饮水安全短板。

一达标：农民家庭年人均纯收入达到国家现行扶贫标准

◆ 资源变资产，资金变股金，农民变股东，贵州"三变"变出新天地。上图为盘县旧营乡背阴坡村入股村民和村集体进行年终分红，下图为石阡县本庄镇双山村贫困群众领到入股分红

两不愁：不愁吃、不愁穿

◆ 营养午餐

◆ 黔东南州丹寨县金钟易地扶贫搬迁安置点，身着盛装的苗族群众在参加包粽子比赛

三保障：义务教育、基本医疗、住房安全及农村饮水安全

◆ 六盘水市六枝特区陇戛乡陇戛逸夫希望小学（原陇戛苗族希望小学）教学环境改善前后对比

◆ 铜仁市乡村小学教学环境改善前后对比

第二章　征服贫困　059

◆ 毕节市威宁县石门坎乡泉发村卫生室，群众正在通过互联网平台向专家进行远程问诊

◆ 导医耐心地给群众讲解医疗保障有关知识

◆ 黔东南州三穗县良上乡平寨村搬迁户万金林一家搬迁前后对比

◆ 铜仁市农村饮水条件前后对比

（五）生态扶贫

2015年，习近平总书记在贵州调研时强调，要守住发展和生态两条底线。贵州践行习近平总书记重要指示要求，既要绿水青山，也要金山银山，深入推进大生态战略行动，以"大开放"促进绿色发展，以绿色发展助推精准脱贫，将生态修复、生态保护与脱贫攻坚紧密结合。

◆ 贵州护好绿水青山，赢得金山银山。绿水青山已成为贵州的一张亮丽名片，贵州生态的"金字招牌"越来越靓。上图为毕节市海雀村生态环境治理前后对比，下图为六盘水市盘州市国储林项目

第二章　征服贫困　061

◆ 六盘水乌蒙大草原晨韵

◆ 毕节市威宁草海

◎ 生态扶贫十大工程

1 退耕还林建设扶贫工程
2 森林生态效益补偿扶贫工程
3 生态护林员精准扶贫工程
4 重点生态区位人工商品林赎买改革试点工程
5 自然保护区生态移民工程
6 以工代赈资产收益扶贫试点工程
7 农村小水电建设扶贫工程
8 光伏发电项目扶贫工程
9 森林资源利用扶贫工程
10 碳汇交易试点扶贫工程

（六）就业扶贫

一人就业，全家脱贫。贵州积极实施就业政策，做好稳就业工作，落实保就业任务，强化劳务就业扶贫"八个一批"举措，实现有劳动力的建档立卡贫困户、易地扶贫搬迁户、边缘户家庭"一户一人"以上就业目标，全力以赴跑出就业扶贫"加速度"。

2019年1月至2021年8月，贵州全省累计开展职业技能培训220万人次。其中，建档立卡脱贫劳动力110余万人次，易地搬迁劳动力近40万人次，超额完成国家职业技能提升行动三年培训150万人次的目标任务，累计使用职业技能提升行动专项资金超10亿元。

◆ 就业有门路，扶贫底气足。上图为扶贫车间助易地扶贫搬迁群众实现家门口就业，下图为安顺市关岭县花江镇高寨村举办传统织布技能培训

◆ 昔日荒茅田，今日花茂村。遵义市播州区花茂村环境今昔对比

（七）文化和旅游扶贫

文化赋能，旅游富民，"山地公园省、多彩贵州风"唱响全国，贵州实现旅游持续"井喷式"增长，建景区，游乡村，文化扶贫展现新贵州精神，旅游扶贫红火了新乡村。

2017年起，贵州实施发展旅游业助推脱贫攻坚三年行动，大力推进旅游项目建设、景区带动、乡村旅游等九项旅游扶贫工程，"旅游+"多产业融合发展步伐加快。旅游产业精准扶贫特别是乡村旅游助推脱贫攻坚开创新局面。旅游扶贫累计助推贵州112.43万名建档立卡贫困人口受益增收，涌现出建设美丽乡村进而整村脱贫的"花茂路径"、互联网+旅游扶贫的"好花红模式"、民族文化+旅游扶贫的"西江样本"等助推脱贫先进典型。

（八）宣传促消费扶贫

2020 年 4 月，贵州全面启动实施"宣传促消费扶贫"十大行动计划，并提出"贵州绿色农产品　吃出健康好味道"推广口号，以"12"作为区域公共品牌LOGO，数字 12 代表"12 产业"，用多彩颜色呈现多彩贵州的独特魅力，树立贵州农产品绿色健康品牌形象，通过统一宣传推广内容，构建传播矩阵，实现全媒体地毯式覆盖，直接打通宣传到销售的途径。

◆ 贵州"宣传促消费扶贫"海报

（九）东西部扶贫协作

山海携手共谱新时代华章。东部发达地区对口帮扶西部贫困地区，先富帮后富，彰显中国特色社会主义政治优势和制度优势。

1996年7月，国务院办公厅印发《关于组织经济较发达地区与经济欠发达地区开展扶贫协作报告的通知》，确定大连、青岛、深圳、宁波4个东部城市对口帮扶贵州省。

2013年2月，国务院办公厅印发《关于开展对口帮扶贵州工作的指导意见》，明确新增上海、苏州、杭州、广州4个东部发达城市对口帮扶贵州，实现8个东部发达城市"一对一"对口帮扶贵州省除贵阳市外的8个市（州），新一轮对口帮扶工作拉开序幕。

2016年10月27日，中共中央办公厅、国务院办公厅印发《关于进一步加强东西部扶贫协作工作的指导意见》调整东西部扶贫协作结对关系。从组织领导、人才交流、资金支持、产业合作、劳务协作、携手奔小康等方面深入推进东西部扶贫协作。

◆ 上海市援建项目——遵义市正安县和溪镇大坎村现代农业示范区

（十）金融扶贫

贵州不断完善金融扶贫政策体系，加强宏观信贷政策指导，调动全金融系统力量集中攻坚，引导更多资源投向贫困地区，确保贵州脱贫攻坚主战场上"弹药粮草"充足。

贵州全省各地组织金融机构采取"金融夜校""农民脱贫讲习所"等方式，解读金融扶贫政策。坚持打造贫困户评级授信模式，提升诚信占比，下调资产占比，支持有就业能力、有发展意愿的贫困户评得了级、贷得上款。

截至2020年12月，全省扶贫小额信贷累计发放贷款500.57亿元，同比增长20.43%，累计惠及贫困户75.94万户。

◆ 黔东南从江县银行业务员为小黄村老百姓宣传信贷金融产品

◆ 黔南州三都县农信社举办"金融夜校"场景

◆ 贵州科技特派员张万萍（左五）指导农民育苗

◆ 科技特派员徐彦军（右一）在黔西南州晴隆县指导林下竹荪种植

（十一）科技扶贫

贵州深入实施《2018—2020年科技支撑脱贫攻坚十条措施》和"科技支撑农村产业革命三个'1+1'行动"，推行"四个定向"科技研发和成果转化模式。同时，深入实施科技特派员制度，确保扶贫项目技术支撑到位。2016年至2020年，贵州共选派了8000余名科技特派员赴基层开展"靶式"服务，重点服务贫困县、贫困村、合作社，覆盖了农业领域中药材、蔬菜、养殖等20余个专业方向。据不完全统计，科技特派员累计帮助培养农村实用人才近30万名，推广农作物新品种2000余个，解决农业技术难题8万余个，在提升农民合作社的科技水平和经营能力方面发挥了积极作用。

（十二）中央单位定点扶贫

中央单位对贵州省扶贫开发重点县实现全覆盖，40个中央单位定点帮扶贵州省50个扶贫开发重点县。各定点扶贫单位通过发挥本行业的优势，各尽其能，为帮扶地区党委、政府出谋划策，帮助解决发展中存在的关键问题。通过选派得力干部蹲点挂职，帮助当地理清经济发展思路，制订经济发展规划。通过引进资金技术和项目开发，为加快贵州脱贫攻坚进程做出了重要贡献。

◆ 中央统战部帮助毕节试验区打造的9个"同心新村"建设示范点之一——毕节市赫章县江南社区

◆ 国家乡村振兴局（国务院原扶贫办）协调融创中国和又成基金会结对帮扶雷山县龙塘村并建设龙塘山民宿项目

(十三)社会扶贫

广泛动员各族人民以及社会各方面力量共同向贫困宣战,合力攻坚,党政军民学劲往一处使,东西南北中拧成一股绳,统一战线帮扶、澳门特别行政区帮扶、企业帮扶、国际组织扶贫以及消费扶贫等,强大的合力汇聚起了排山倒海的磅礴力量。

◆ 毕节市七星关区小坝中学学生在"同心·烛光"民盟黄浦图书实验楼图书馆看书学习

◆ 澳门红十字会援建从江县西山镇小翁村博爱卫生站。图为该卫生站落成剪彩

全面建成小康社会贵州影像记

◆ 丹寨县万达小镇吸引众多游客

◆ 世界银行贷款贵州农村发展项目的专家团在贵州与合作社农户交流

◆ 遵义市团结村扶贫产品品牌"乐耕甜"第一家线下体验店开业。图为时代楷模、团结村的老支书黄大发亲自推销家乡品牌

（十四）综合保障

全面建成小康社会，一个也不能少。

贵州不断提高脱贫攻坚兜底保障水平，为全面建成小康社会提供坚实的底线支撑。

强化农村低保与扶贫开发有效衔接，确保兜底准。截至2020年底，贵州已脱贫建档立卡贫困人口784万人，纳入民政兜底保障183.27万人，占全省总人口的23.4%。

强化农村贫困人口低保倾斜政策，确保兜住底。健全"单人户"施保政策，确保一个不漏。健全贫困家庭支出扣减政策与低保对象渐退政策。

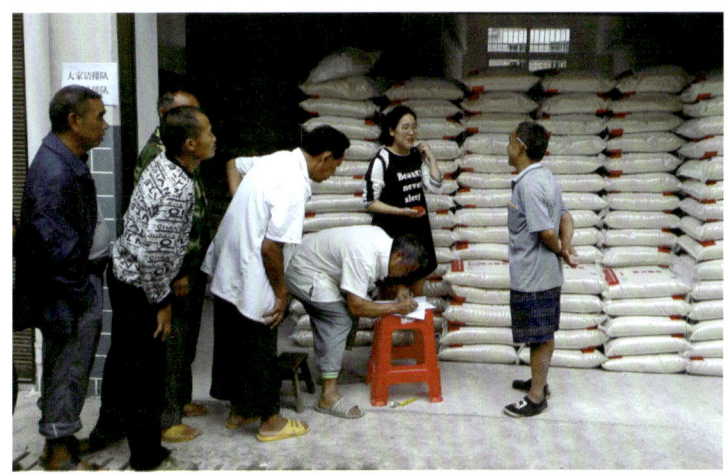

◆ 黔东南州天柱县民政局给困难群众发放救助粮

◆ 贵阳市乌当区水田镇三江村村民张跃平创办的同创养鸡场

五　打胜仗　同步小康

党的十八大以来，贵州先后实施"33668"扶贫攻坚行动计划、精准扶贫精准脱贫"十项行动"、脱贫攻坚"4541"决策部署。按季度实施系列"攻坚行动"，一仗接着一仗打，一个堡垒接着一个堡垒攻，在连战连胜中时刻保持决战决胜攻坚态势。

2020年11月23日，贵州宣布紫云县、纳雍县、威宁县、赫章县、沿河县、榕江县、从江县、晴隆县、望谟县9个县退出贫困县序列。至此，贵州全省66个贫困县全部实现脱贫摘帽，也标志着全国832个贫困县全部脱贫摘帽。

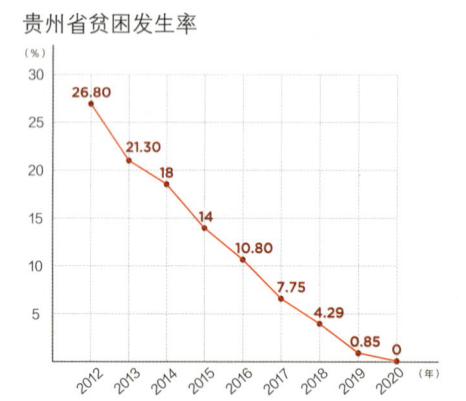

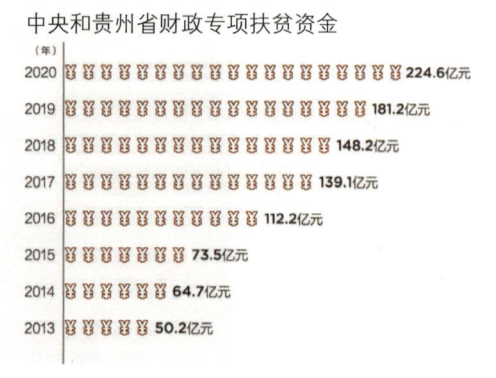

贵州省贫困发生率（%）

年份	贫困发生率（%）
2012	26.80
2013	21.30
2014	18
2015	14
2016	10.80
2017	7.75
2018	4.29
2019	0.85
2020	0

贵州省农村居民人均可支配收入（元）

年份	收入（元）
2012	4753
2013	5434
2014	6671.22
2015	7386.87
2016	8090.28
2017	8869
2018	9716
2019	10765
2020	11642

贵州省易地扶贫搬迁人数

年份	搬迁人数（万人）	全国占比（%）
2016	44.8万人	23.3%
2017	76.2万人	39%
2018	67万人	34.9%
2019	4万人	2.1%

贵州省易地扶贫搬迁数：十三五期间总计搬迁192万人（其中贫困人口157.8万人，全国占比16%）

中央和贵州省财政专项扶贫资金

年份	金额
2020	224.6亿元
2019	181.2亿元
2018	148.2亿元
2017	139.1亿元
2016	112.2亿元
2015	73.5亿元
2014	64.7亿元
2013	50.2亿元

第二章　征服贫困

贵州能够按时高质量打赢脱贫攻坚战，最根本的是有习近平总书记掌舵领航和党中央坚强领导，最重要的是有中国共产党领导和中国特色社会主义制度的显著优势，最关键的是坚持以脱贫攻坚统揽经济社会发展全局，最管用的是因地制宜精准施策，最主要的是一切为了人民、紧紧依靠人民，最有力的是把全面从严治党贯穿脱贫攻坚全过程和各环节。

◆ 黔南州惠水县明田移民新区千名搬迁群众在新家集体过大年

◆ 黔东南州从江县大歹小学的小学生们奔跑在崭新的足球场

◆ 毕节市七星关区现代高效农业示范园

◆ 天柱县渡马镇村民摆放菊花准备烘烤

第二章 征服贫困

- 一针一线，
  绣出幸福生活

- 载歌载舞，
  跳出美好未来

- 笑逐颜开，
  乐出喜悦心情

◆ 铜仁市松桃县第七完小，搬迁群众子女在新教室上课

◆ 贵州茶产业发展良好，一片青绿致富一方。图为遵义市凤冈县永安镇茶农在茶园采摘春茶

◆ 松桃县大力发展生态养殖业

第二章 征服贫困　077

◆ 六盘水市水城区米箩镇万亩猕猴桃产业基地

◆ 学会一种技能，带富一个家庭。图为毕节市黔西市新仁苗族乡化屋村易地扶贫搬迁安置点扶贫车间内一位绣娘在整理苗族服饰

◆ 锦屏侗族刺绣采取"公司＋个人"的经营模式，带动1000多名妇女从事刺绣产业，刺绣产品年销售收入达500万元

◆ "中国竹编民间艺术之乡"三穗县群众编制幸福

◆ 黔东南州丹寨县农户查看香菇生长情况

◆ 遵义市虾子镇辣椒生产

第二章

全面小康

中国共产党从成立之日起,就坚持把为中国人民谋幸福、为中华民族谋复兴作为初心使命,团结带领中国人民为创造自己的美好生活进行了长期艰苦奋斗!

"全面建成小康社会，一个也不能少；共同富裕路上，一个也不能掉队。"这是以习近平同志为核心的党中央向世界的庄重承诺，也是新时期贵州发展面临的重大机遇。

在贵州省委、省政府的领导下，从城市到乡村，从干部到群众，全省上下转变观念，积极行动，采取有力措施，全面打赢了脱贫攻坚战，创造了脱贫攻坚"省级样板"，与全国同步全面建成了小康社会。

◆ 黔东南州丹寨县金钟易地扶贫搬迁安置点，身着节日盛装的苗族群众在跳苗族传统芦笙舞

一　安居乐业　迈进小康

"住得下、有工作、有休闲",这正是人民生活由贫穷、温饱迈进全面小康的真实写照。

贵州始终坚持以人民为中心的发展思想,不断满足人民群众日益增长的美好生活需要,社会保障体系不断完善,就业机会越来越多,文化事业和文化产业不断发展,人民群众的获得感、幸福感、安全感也变得更加充实、更有保障、更可持续,已形成社会安定、环境安全、百姓安宁的和谐局面。

黔东南州雷山县西江千户苗寨

◆ 只有帮助人民群众走出大山找出路，让人民群众"融得进城市"安居乐业，待得住做好就业、产业，才能真正共享发展成果。图为易地扶贫搬迁户在新房前展示刚领取的新房钥匙

◆ 黔南州龙里县易地扶贫搬迁安置点的孩子们在幼儿园

◆ 黔西南州易地扶贫搬迁后"新市民"居住区里的孩童

第三章　全面小康 | 083

◆ 黔东南州从江县加勉乡学生领到新校服

◆ 铜仁市碧江区农家书屋

◆ 六盘水市六枝特区开展搬迁群众就业技能培训

◆ 安顺市开发区龙井村扶贫产业的发展使农民走上了致富路

◆ 家庭医生定期上门服务,为更多贫困群众提供就医保障。图为黔南州罗甸县茂井镇开展家庭医生签约服务

◆ 安顺市紫云县积极引导居住在易地扶贫搬迁安置点里的绣娘发展苗绣等"指尖经济"。图为当地松山街道城南社区的群众变身"绣娘"在扶贫就业作坊绣制苗绣产品,助力"老有所为",实现家门口就业

第三章　全面小康

◆ 惠水县扶贫车间开展缝纫技能培训

◆ 黔东南州台江县方黎湾社区扶贫工坊技术负责人（左二）指导绣娘创作

◆ 绘就新生活——六盘水市水城区群众潜心作画

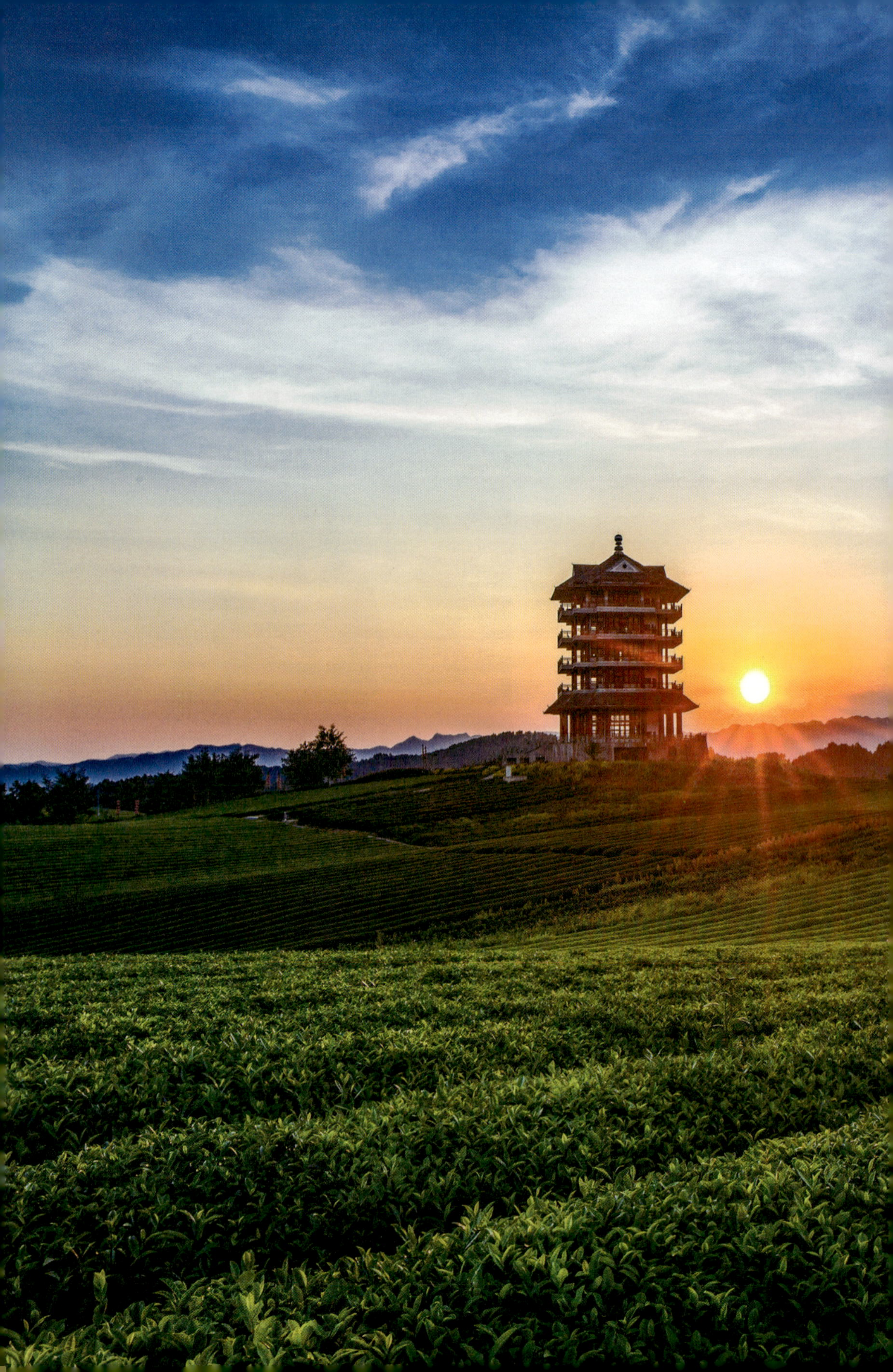

遵义市湄潭县万亩茶海

二 乡村振兴 产业先行

贵州不断巩固拓展脱贫攻坚成果，有效衔接乡村振兴，持续推进农业产业的规模化、标准化、品牌化发展。

1. 蔬菜

2021年，全省蔬菜种植面积1898.3万亩，产量3205.5万吨，产值989.5亿元，同比分别增加2.6%、12.1%和14.1%，全面完成年度目标。

◆ 黔南州龙里县湾滩河现代高效农业示范园区无土栽培基地

◆ 毕节市威宁县村民在白岩社区蔬菜种植基地采收白萝卜

2. 生猪

贵州生猪产业不断向规模化、现代化、全产业链方向迈进。温氏集团、德康集团等国内知名龙头企业不断进驻，产业范围覆盖饲料加工，生猪养殖、屠宰及精深加工等，带动贫困户实现增收。2021年全省生猪出栏1849.7万头，同比增长11.3%；猪肉产量166.2万吨，同比增长13.6%；年末生猪存栏1530.5万头，同比增长12.2%。

◆ 毕节市织金县珠藏镇生猪养殖

◆ 黔南州瓮安县香猪养殖

3. 辣椒

贵州不断扩大辣椒种植规模，实施"换种工程"计划，扶持、培育和壮大辣椒品牌。2020年，全省辣椒种植面积达545万亩，产量达724万吨，产值达242亿元，同比分别增长6.4%、6.5%和5.86%；加工产值突破135亿元，交易额达到750亿元。产加销规模均位列全国第一。带动285万名椒农增收，其中贫困人口65万人，新增就业岗位1.7万个，椒农人均收入达7500元。

◆ 遵义市新蒲新区虾子镇辣椒工厂工人正在分拣辣椒

4. 生态家禽

2020年，家禽产业按照"上规模、调结构、提品质、增效益、防风险"的总体思路，坚持高起点、高站位，紧盯全年目标任务，采取政策引导、项目撬动、金融助推等一系列强有力措施，推动全省生态家禽产业持续向好发展。2021年，贵州全省生态家禽存栏1.20亿羽，出栏1.77亿羽，禽肉产量增长1.1%，禽蛋产量增长5.9%。

◆ 毕节市威宁县石门乡高潮村易地扶贫搬迁群众在养鸡场工作

◆ 遵义市赤水市竹林乌骨鸡养殖

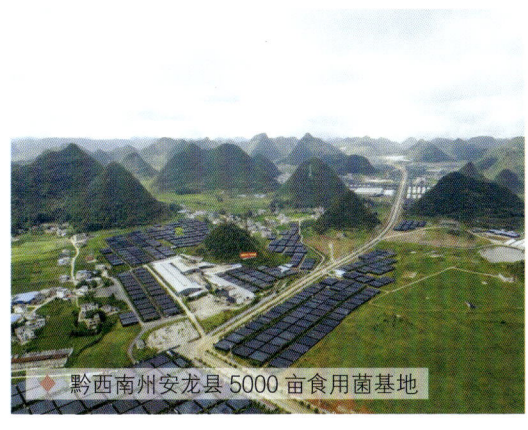

◆ 黔西南州安龙县 5000 亩食用菌基地　　◆ 黔东南州台江县老屯乡农民在采摘香菇

5. 食用菌

食用菌产业依托短平快的特点，成为贵州脱贫攻坚的强势产业。2020年，全省食用菌种植规模达 44.8 亿棒（万亩），产量达 147.6 万吨，产值达 184.9 亿元。

6. 牛羊

2021 年末，全省牛存栏 479.35 万头，出栏 180.06 万头，牛肉产量 23.59 万吨。全省羊存栏 386.59 万只，出栏 279.97 万只，羊肉产量 4.88 万吨。

◆ 安顺市关岭县农民专业合作社养殖的关岭牛

◆ 遵义市习水县地方良种——黔北麻羊基地

7. 特色林业

贵州以竹、油茶、花椒、皂角为主的特色林业产业发展迅猛，2021年，贵州全省当年完成特色林业产业基地建设292.57万亩，其中新造133.49万亩，改培159.09万亩，产量151万吨，产值201亿元，同比增长25.6%，成功打造赤水、玉屏两个国家级林业产业示范园区。预计到2025年，贵州全省特色林业基地总面积将达1300万亩以上，其中竹子和油茶均达到500万亩，花椒达200万亩，皂角达100万亩。

◆ 铜仁市松桃县油茶林油茶鲜果丰收

◆ 遵义市赤水竹海国家森林公园郁郁葱葱

8. 中药材

贵州大力发展中药材产业，将资源优势转化为经济优势。2021年，全省中药材产量达274.13万吨，产值262.59亿元。

9. 刺梨

2021年，全省刺梨种植面积达210万亩，鲜果产量达28.9万吨，生产刺梨产品16.14万吨，共实现产值111.6亿元。

◆ 黔南州独山县石斛种植基地
◆ 毕节市威宁县海拉镇元丰村药农在晾晒党参
◆ 黔南州贵定县昌明镇果农在刺梨种植基地采摘刺梨
◆ 黔南州龙里县优质刺梨种植基地喜获丰收

10. 生态渔业

2019年，生态渔业被贵州省委、省政府列为重点推进的12个特色产业之一。2021年，全省实现水产品产量29.64万吨，完成率114%；渔业产值82.84亿元，完成率129%；湖库生态渔业面积75.65万亩，完成率100%；稻渔综合种养面积280.16万亩，完成率100%；实现鲟鱼产量271万吨，完成率138%。

◆ 黔东南州天柱县荷塘养鱼

◆ 遵义市务川县涪洋镇小平村养鱼基地

11. 水果

2020年12月底，全省园林水果果园面积达985.04万亩（不含刺梨），产量521.27万吨，产值300.38亿元。"4+2"树种的蓝莓、李子种植面积全国第一，猕猴桃种植面积全国前三。

12. 茶叶

贵州茶产业已经成为百姓增收致富的重要产业之一，全省带动涉茶人数数百万人，全省茶园面积700万亩以上，稳居全国第一。其中，2021年贵州省茶叶产量46.99万吨，产值570.95亿元；茶叶出口达3亿美元，茶叶成为贵州第一出口农产品。

◆ 黔东南州麻江县蓝莓种植基地

◆ 安顺市镇宁县果农采摘六马蜂糖李

◆ 风景美如画，茶香飘四海。图为黔南州都匀市螺蛳壳茶山

三　增收致富　日子红火

贵州以产业结构调整、"三变"改革（资源变资产、资金变股金、农民变股东）、乡村振兴等为契机，通过引进企业、组建合作社等方式，激活农村的自然资源、存量资产、人力资本，促进农业增效、农民增收、农村增值，也为广大群众打造了一条增收致富路。

◆ 黔西南州望谟县布依族群众喜迎板栗丰收

第三章　全面小康　097

◆ 六盘水市六枝特区大用园区车厘子种植基地

◆ 毕节市大方县羊场镇陇公村村民编辣椒

◆ 毕节市纳雍县果农在采摘玛瑙红樱桃

全面建成小康社会贵州影像记

第三章　全面小康　　099

1	2	3
4	5	

◆ 1 黔南州罗甸县村民喜采"甜蜜瓜"

◆ 2 遵义市桐梓县太白酥李喜丰收

◆ 3 贵阳贵安果农喜摘水晶葡萄

◆ 4 威宁县素有"中药材之乡"的美誉，中药材党参常年种植在5万亩以上，年产量达15万公斤，是当地农民发展山地特色种植业的主要增收渠道之一

◆ 5 绥阳金银花是遵义市绥阳县特产，也是中国国家地理标志产品，其花质稍硬，味淡、微苦，富含丰富的绿原酸。图为绥阳县村民在采摘金银花

◆ 黔东南州岑巩县采收西红花

◆ 威宁县迤那镇双营村花农在晾晒丰收的万寿菊

◆ 遵义市赤水市复兴镇凯旋村石斛花喜获丰收

四 美丽乡村 画卷长留

近年来，贵州省一直将改善农村人居环境，建设美丽、宜居新农村作为提升人民群众获得感和幸福感的重要抓手，努力实现农村人居环境的历史性改善，2013年便已成为全国美丽乡村两个试点省之一。

美丽乡村建设是贵州全面建成小康社会的主要抓手，农村人居环境逐步实现从"一处美"到"一片美"、"一时美"到"一直美"的蜕变，既生态宜居又产业兴旺的美丽乡村建设实现了可持续发展。

同时，全省上下将乡村治理与文明建设齐抓共管，文明乡风、良好家风、淳朴民风共培育，不断提振农民群众的精气神，为美丽乡村注入美丽灵魂。

交通便利、山清水秀、民风淳朴的美丽乡村，在多彩贵州大地上遍地开花。

◆ 晨雾缭绕、如诗如画的贵安新区平寨村

◆ 1 黔南州惠水县好花红小镇

◆ 2 毕节市海子新村

◆ 3 遵义市播州区花茂村新貌

第三章　全面小康　103

1	4
2	5
3	6

◆ 4 遵义市湄潭县新农村——兴隆镇田家沟

◆ 5 黔西南州兴义市纳灰村

◆ 6 遵义市绥阳县美丽乡村

◆ 安顺市镇宁县高荡村古村落

◆ 黔东南州凯里市棉席村

第三章 全面小康 | 105

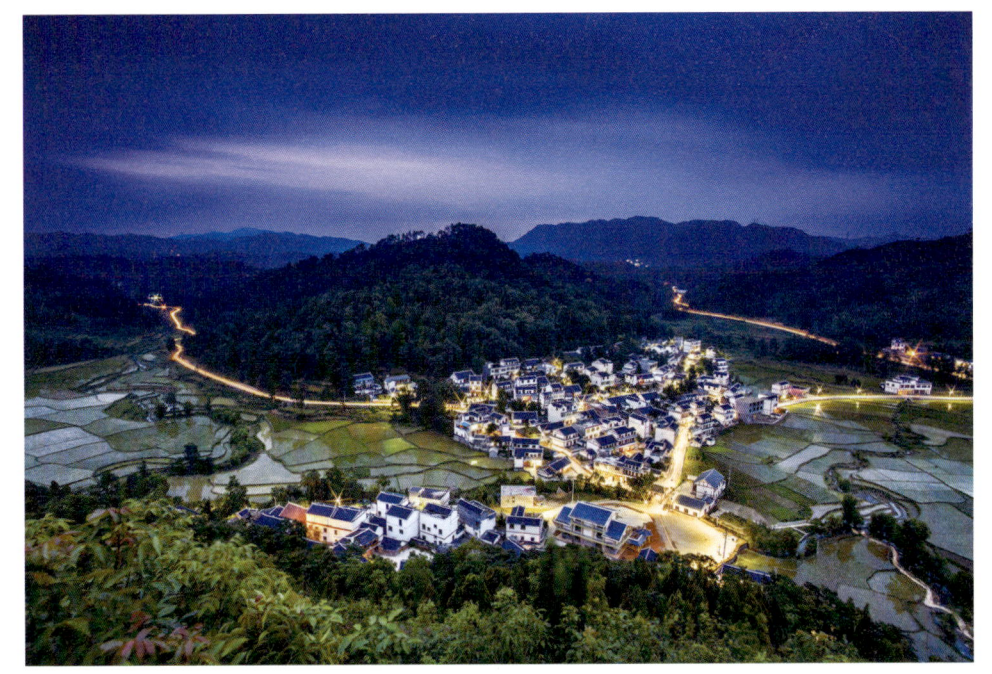

◆ 黔西南州兴仁市屯脚镇鲤鱼村
◆ 黔南州长顺县生联村

五　建设发展　永不止步

与大山相伴的贵州人，孕育出了"团结奋进、拼搏创新、苦干实干、后发赶超"的新时代贵州精神，这也是根植于贵州大地、反映全省人民意愿、激励全省人民奋勇前进的强大力量。

站在新的起点，贵州持续深入实施乡村振兴、大数据、大生态三大战略行动，全力以赴推动新型工业化、新型城镇化、农业现代化、旅游产业化，在城市基础设施建设、特色产业集群建设、生态文明建设、大数据等产业发展等方面取得了一个又一个新成效。

◆ 获得古斯塔夫·林德撒尔金奖的鸭池河大桥

◆ 世界最大单口径射电望远镜——位于贵州平塘的500米口径球面射电望远镜（FAST）

◆ 黔东南州从江县加勉乡南烧村通组路

◆ 黔东南州三穗县境内"三施"高速公路

◆ 六盘水市盘州市乌蒙大草原风能发电

第三章　全面小康

◆ 贵阳市观山湖区金工立交桥

◆ 贵阳市黔春立交桥

◆ 位于贵阳市的贵州高铁"五洞五桥"

◆ 贵阳公交"智慧大脑",可监控车辆运行情况,为乘客提供精准服务

◆ 贵阳市移动能源产业园生产景象

六　小康生活　幸福花开

小康不小康，关键看老乡！

作为全国脱贫攻坚主战场之一，贵州曾是贫困面积最大、贫困人口最多、贫困程度最深的省份，2020年如期打赢了脱贫攻坚战，66个贫困县全部摘帽，923万贫困人口全部脱贫，易地扶贫搬迁192万人。贵州与全国同步全面建成了小康社会。

"胜非其难也，持之者其难也。"贵州切实做好巩固拓展脱贫攻坚成果同乡村振兴有效衔接各项工作，让脱贫基础更加稳固、成效更可持续。

如今，贵州百姓安居乐业，"有钱又有闲"，过上了真正意义上的小康生活。

◆ 贵州布依族群众欢度"三月三"

- 歌舞迎苗年
- 欢乐大世界
- 我心永向党

第三章　全面小康

- ◆ 畅想美好未来
- ◆ 留下美丽瞬间
- ◆ 绿染黔山秀水

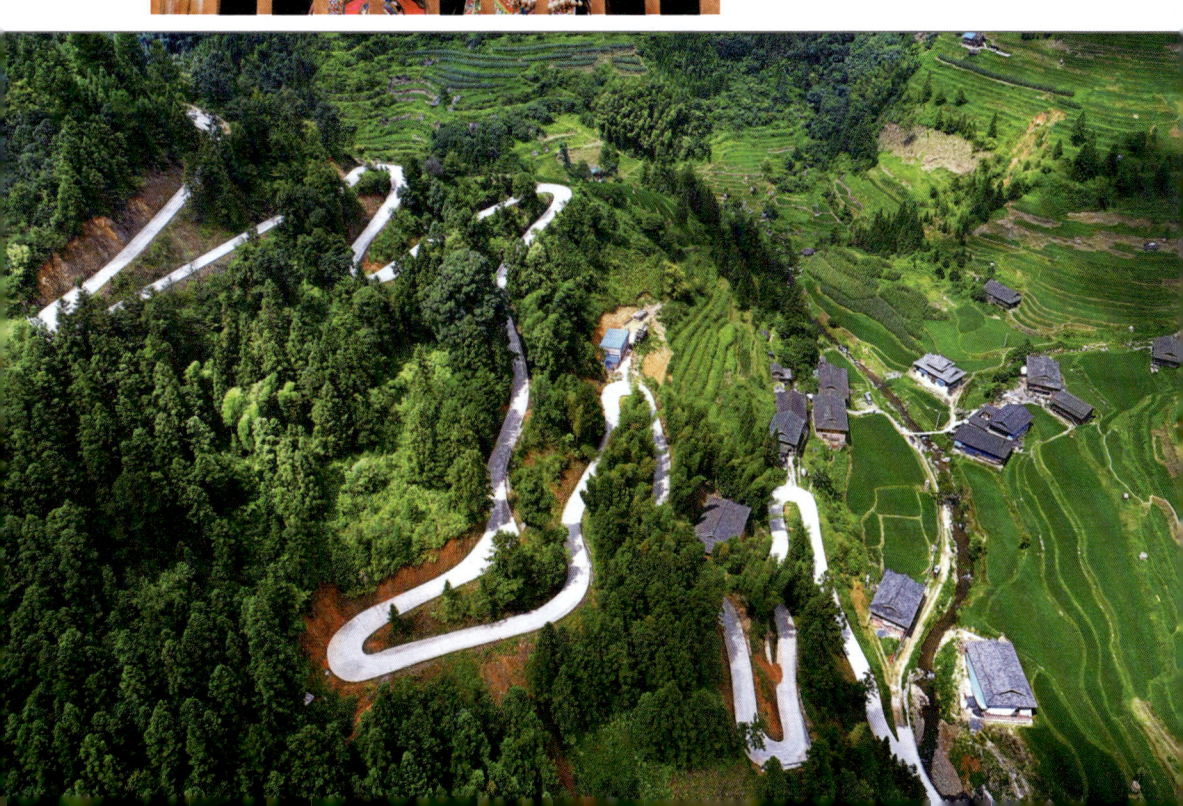

◆ 群众在搬迁入住的新村举办婚礼

◆ 易地扶贫搬迁户拿着年货和春联欢欢喜喜回家过年

◆ 易地扶贫搬迁户入住新房

第三章　全面小康

- 农民变股民
  第一次分红乐开了花

- 网络通乡村
  联通大千世界真快捷

- 解决吃水难
  幸福生活像清泉流淌

◆ 农家书屋丰富了山里群众的业余生活。图为农闲时群众在农家书屋看书

◆ 乡村的民俗文化吸引着各地游客前来观光旅游。图为布依人家迎贵客

第四章

多彩家园

　　她从 20 万年前旧石器时代的莽莽林海中出发，一路走来，汇聚于明永乐十一年（1413 年），以"贵州"的名字屹立于西南腹地大山；历经渔猎采集、农耕和工业化的洗礼，最终在今天，不同民族、不同文化和谐共处，共同歌颂伟大的新时代。

　　这里有瑰丽的自然风光，气候宜人、空气清新，雄峻的大山、嵯峨的巨石、壮观的瀑布、清澈的碧水、茂密的森林、蔚蓝的天空……各种色彩在这片大地上构成了多彩的图画；这里有深厚的人文传统，汉代的舍人、尹珍，明代的谢三秀、杨应龙，清代的郑珍、莫友芝……各类人才共同演绎万马如龙出贵州、著书立说传文脉的精气神；这里有独特的民族风情，蜡染、刺绣、银饰、芦笙……各种异彩纷呈的民族特色产品，散发出无穷的魅力。

　　这里，是我们的多彩家园——贵州。

◆ 安顺市黄果树瀑布

◆ 黔南州贵定县油菜花田

一 自然生态

"绿水青山就是金山银山。"党的十八大以来,贵州坚持人与自然和谐共生,牢固树立"绿水青山就是金山银山"理念,牢牢守好生态和发展两条底线,走出一条生态优先、绿色发展之路,生态建设成就斐然。

绿色,已成为新时代贵州的亮丽底色。

"多彩贵州拒绝污染"是贵州发出的最强音,优良生态成为贵州最大的发展优势和竞争优势。

◆ 安顺市西秀区龙宫镇油菜河

◆ 六盘水市盘州市娘娘山峰丛

◆ 黔西南州兴义市万峰湖

◆ 贵阳市花溪区高坡田园风光

◆ 贵安新区万亩樱花

第四章　多彩家园

◆ 黔东南州从江县加榜梯田

◆ 黔南州贵定县腊利梯田

◆ 遵义市桐梓县万亩花海

◆ 贵阳市开阳县云山茶海

◆ 黔东南州雷山县雷公山国家级森林公园
◆ 黔西南州册亨县魅力冗峰坪

◆ 黔西南州兴义市万峰林

◆ 铜仁市碧江区一隅

◆ 生物多样是贵州践行绿水青山就是金山银山的真实写照。图为生活在贵州的国家一级重点保护野生动物黑叶猴

第四章　多彩家园　125

◆ 黔西南州兴仁市放马坪高原牧场

◆ 毕节市百里杜鹃景区

◆ 成群结队的黑颈鹤在贵州威宁草海国家级自然保护区过冬

二 民族文化

贵州是"民族生态博物馆",18个世居民族和睦共处,多个民族在这里融合聚居,孕育出了风情浓郁的原生态民族文化。

"一山不同族,十里不同风,百里不同俗",这里有1000多个少数民族节日,各族人民以无穷的智慧,创造了丰富多彩的民族文化。

◆ 地戏是安顺市地方传统戏剧,也是国家级非物质文化遗产之一。上图为地戏服饰女装秀,下图为刚换好地戏服装的演员引得行人拍照

◆ 黔东南州雷山县苗家圆舞曲

◆ 黄平苗家姑娘盛装参加芦笙会

◆ 1 苗族芦笙舞——滚山珠

◆ 2 黔东南州苗族芦笙舞

◆ 3 国家级非物质文化遗产"撮泰吉"

◆ 4 苗家姑娘着盛装

◆ 5 舞起百龙闹新春

第四章 多彩家园

◆ 1 从江侗族大歌千人大合唱

◆ 2 中国苗族姊妹节盛装巡游

◆ 3 侗族芦笙奏出侗家新生活

◆ 4 民族舞为美好未来增动力

◆ 5 乐师调弦，弦弦都是吉祥乐

1	2
	3
	4
	5

第四章　多彩家园

三 山地体育

山地体育，彰显动静之美。贵州拥有丰富的山地旅游资源，全省超过90%的土地面积是山地和丘陵，这让贵州在发展山地旅游、山地体育上拥有得天独厚的优势。

◆ 位于安顺市境内的坝陵河大桥是世界首座在山地峡谷地带建设的跨度超过千米的大桥。图为运动健儿在坝陵河大桥飞滑翔伞

◆ 六盘水市盘州市乌蒙大草原国际滑翔伞邀请赛

◆ 遵义市赤水瀑布跳水大师赛

◆ 黔东南州镇远县高过河漂流
◆ 赤水市丹霞绝壁攀登

◆ 贵阳市云岩区欢乐水世界

◆ 在黔西南州晴隆县"24道拐"进行的赛车比赛

◆ 1 自行车赛成为贵州山地运动热门项目之一，吸引海内外选手参加。图为2020年第四届"多彩贵州"自行车联赛（福泉站）开赛

◆ 2 黔西南州兴义市万峰林热气球赛

◆ 3 贵阳市举行的马拉松国际比赛

第四章 多彩家园 | 137

◆ 4 2021年全国独木龙舟邀请赛在贵州施秉开赛

◆ 5 仡佬族民间喜爱的独具风格的传统体育活动"打篾鸡蛋"，亦称"打花龙"或"打竹球"

◆ 6 在贵阳市花溪高坡举行的自行车赛

四　生活休闲

多彩贵州，也是度假康养胜地。

作为"山的王国、水的世界"，这里夏季平均气温23℃；森林覆盖率超60%，县级以上城市空气质量优良天数比率98.3%，主要河流出境断面水质优良率100%；全年细微颗粒物（PM2.5）平均浓度在50以下；负氧离子浓度高……"天然大氧吧""天然大空调""山地公园省"名副其实。也正因此，安居乐业的百姓，在生活之余有了会友、跳舞、唱歌等休闲方式。

◆ 决战决胜脱贫攻坚，全面建成小康社会。贵州彻底撕下了千百年来绝对贫困的标签，各族人民群众笑开了花。图为黔东南州苗族同胞共唱欢歌

第四章 多彩家园

◆ 新春喜洋洋

◆ 农家休闲乐

- 1 老当益壮
- 2 笑颜新开
- 3 快乐童年
- 4 喜上眉梢
- 5 幸福社区
- 6 福星高照

第四章 多彩家园 | 141

五　世界遗产

地处中国西南的贵州，生态环境良好，有荔波喀斯特、赤水丹霞、施秉喀斯特和铜仁梵净山四处"世界自然遗产地"，是目前全国"世界自然遗产地"最多的省份。此外，贵州还有一处世界文化遗产——海龙屯。

1. 荔波喀斯特

荔波喀斯特位于贵州省东南部的黔南州荔波县，是贵州高原和广西盆地的过渡地带，其完好的生态系统具有突出的遗产价值，被誉为"中国南方喀斯特"的典型代表。荔波喀斯特最醒目的景观是锥状喀斯特，最典型的类型是峰丛喀斯特和峰林喀斯特。其中有许多特有的濒危动植物，是在亚热带喀斯特地貌上保存生物多样性最好的宝地，也被称为"地球上的绿宝石"。

2007年6月27日，由云南石林、贵州荔波、重庆武隆共同组成的"中国南方喀斯特"申报世界自然遗产，在第31届世界遗产大会上获得全票通过。

◆ 荔波漳江风光

◆ 荔波茂兰喀斯特锥状峰丛

◆ 荔波小七孔风景区卧龙潭瀑布

2. 赤水丹霞

赤水丹霞位于贵州省遵义市赤水市，地处四川盆地南缘，紧靠黔北大娄山北麓、扬子准地台西部，同时处在长江上游珍稀特有鱼类国家级自然保护区的核心区。赤水丹霞是青年早期丹霞地貌的代表，其面积达 1200 多平方公里，是全国面积最大的丹霞地貌。据相关统计数据显示，赤水丹霞地区的高等植物有 2116 种、野生动物 1668 种，其中特有植物也达 27 种、中国国家重点保护动植物 59 种。

2010 年 8 月 2 日，经过联合国世界遗产委员会在巴西召开的第 34 届世界遗产大会审议，贵州赤水与福建泰宁、湖南崀山、广东丹霞山、江西龙虎山和浙江江郎山捆绑作为中国丹霞列入《世界遗产名录》，成为我国第 8 个世界自然遗产项目。

◆ 赤水丹霞地貌佛光岩全景

◆ 赤水丹霞奇观

◆ 赤水侏罗纪公园美景

第四章　多彩家园

◆ 航拍施秉云台山

冬日云台山

3. 施秉喀斯特

施秉喀斯特位于贵州省黔东南州施秉县，境内山势陡峭、孤峰耸立，展现了亚热带地区独特壮观的白云岩峰丛峡谷喀斯特地貌景观，从多个方面填补了中国南方喀斯特发育演化中的白云岩类型的空白。

云台山之晨

贵州施秉喀斯特地貌以施秉县有名的景点云台山为代表，国际著名喀斯特专家史密斯、威廉姆斯等曾亲自到云台山考察，并称其为"世界最美白云岩喀斯特"。

2014年6月23日，在第38届世界遗产委员会会议上，中国南方喀斯特第二期项目被列入《世界遗产名录》。中国南方喀斯特第二期项目由广西桂林、贵州施秉、重庆金佛山和广西环江四部分组成，其中贵州施秉继荔波喀斯特和赤水丹霞后成为贵州第三处世界自然遗产。

4. 铜仁梵净山

梵净山位于贵州省铜仁市印江、江口、松桃三县交界处，得名于"梵天净土"，系武陵山脉主峰，是中国的佛教道场和自然保护区，总面积为567平方千米，森林覆盖率95%，有植物2000余种，其中国家保护野生植物31种；动物近3000种，其中国家保护野生动物57种，被誉为"地球绿洲""动植物基因库""人类的宝贵遗产"。

2018年7月2日，中国贵州省梵净山在巴林麦纳麦举行的世界遗产大会上获准列入《世界自然遗产名录》。作为国家级自然保护区，梵净山的主要保护对象是以黔金丝猴、珙桐等为代表的珍稀野生动植物及原生森林生态系统。

◆ 梵净山金顶

全面建成小康社会贵州影像记

第四章　多彩家园 | 153

1 | 2
　 | 3

◆ 1 梵净山蘑菇石

◆ 2 梵净山太子石

◆ 3 梵净山中的净水

5. 贵州遵义海龙屯土司遗址

　　海龙屯位于贵州省遵义市老城西北约28公里的龙岩山巅，又称海龙囤、龙岩囤、龙岩屯，是宋明时期杨氏土司统治期间的古军事屯堡的一处遗址，是著名的"平播之役"的主战场，也是中国唐宋羁縻制度和元明土司制度的产物，见证了中国少数民族政策由羁縻制度到土司制度再到改土归流的演变。屯上建有九关，为屯前六关：铜柱关、铁柱关、飞虎关、飞龙关、朝天关、飞凤关；屯后三关：万安关、二道关、头道关。

　　2015年7月4日，在德国波恩召开的第39届世界遗产大会上，贵州遵义海龙屯土司遗址获准列入《世界文化遗产名录》，成为贵州唯一的世界文化遗产。

◆ "三十六步"天梯

◆ 航拍海龙屯

◆ 海龙屯飞龙关

第五章

市州风采

  贵州，地处中国西南内陆腹地，全省辖 6 个地级市、3 个民族自治州，省会贵阳市；设 10 个县级市、50 个县、11 个民族自治县、16 个市辖区和 1 个特区。

  贵州也被誉为生态之省、文化之省、歌舞之省、美酒之省……一幅幅定格的画面，展现了多姿多彩的贵州。

一　贵阳市　贵安新区

贵阳：爽爽贵阳　避暑之都

知行合一、协力争先的贵阳简称"筑"，别称"林城""筑城"，是贵州省省会，也是贵州的政治、经济、文化、科教中心，同时也是西南地区重要的交通枢纽、通信枢纽、工业基地及商贸旅游服务中心，还是全国综合性铁路枢纽之一、国家级大数据产业发展集聚区、呼叫中心与服务外包集聚区、大数据交易中心、数据中心集聚区。此外，贵阳还有"避暑之都"的美誉。

◆ 始建于明万历二十六年（1598年）的甲秀楼，取"科甲挺秀"之意，为贵阳市标志性建筑。图为甲秀楼夜色

第五章　市州风采

◆ 观山湖区金融城

◆ 南明区"双子塔"

◆ 观山湖区百花湖

第五章 市州风采

◆ 贵阳市清镇市境内的樱花绽放

◆ 贵阳全景

贵安新区：敢闯敢试敢为人先，创新创业创出新路

贵安新区是中国第八个国家级新区，位于贵阳市和安顺市接合部，是黔中经济区核心地带。2020年3月，贵州省委常委会召开会议，审议通过了《中共贵州省委　贵州省人民政府关于支持贵安新区高质量发展的意见》，赋予贵安新区省级经济管理权，促进其和贵阳市融合发展。

◆ 贵安新区高端装备制造产业园

◆ 贵安新区城市骨干路网

◆ 贵安新区生态田园城市建设

二 遵义市

红色圣地 醉美遵义

遵义简称"遵",是黔中城市群中的重要城市。遵义地处成渝—黔中经济区走廊的核心区和主廊道,是国家全域旅游示范区,也是首批国家历史文化名城,拥有世界文化遗产海龙屯、世界自然遗产赤水丹霞,同时也是茅台酒的故乡。1935年1月15日至17日,中共中央政治局在遵义召开了著名的遵义会议。遵义会议是中国共产党的历史上生死攸关的转折点,遵义也因此被称为"转折之城、会议之都"。

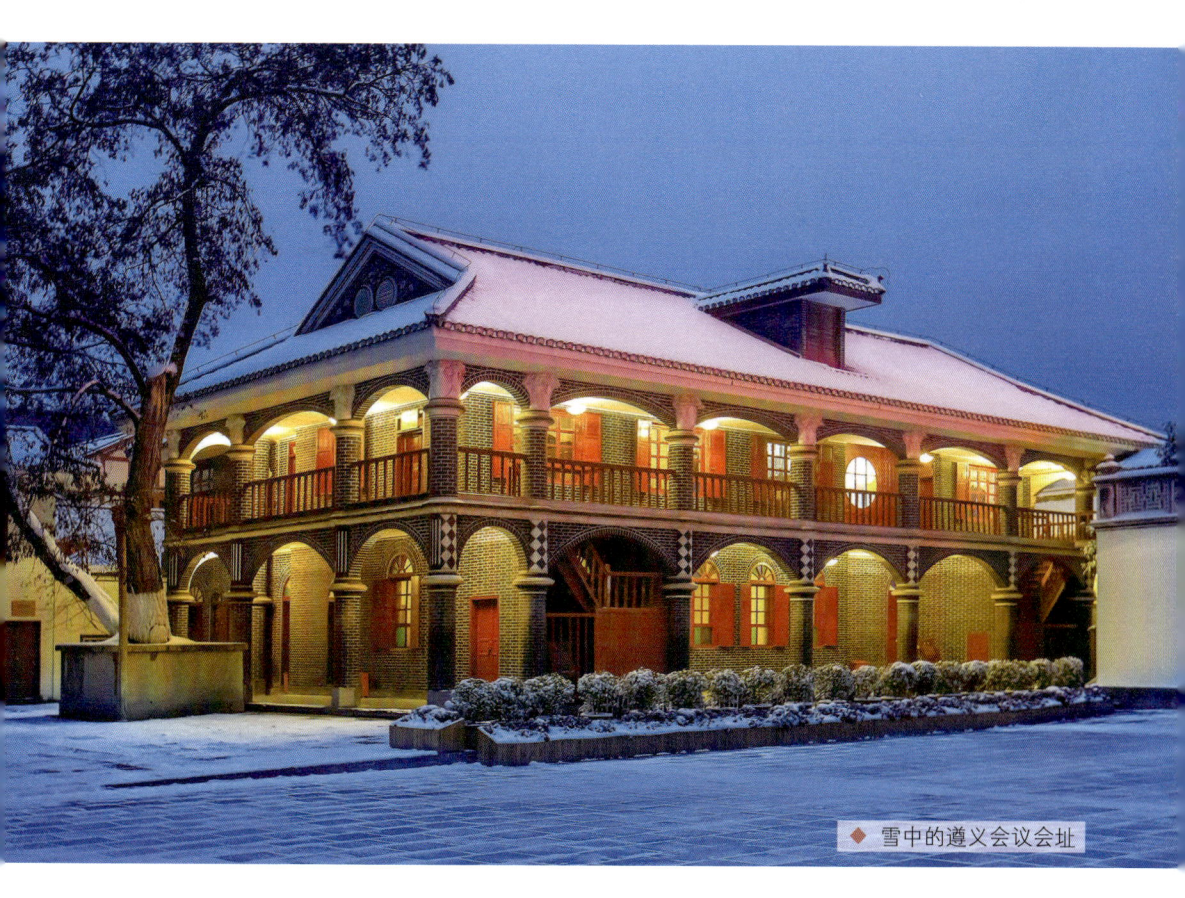

◆ 雪中的遵义会议会址

◆ 遵义市红军烈士陵园

◆ 习水县土城古镇

◆ 赤水河也被称为"美酒河"。图为雨季后变为赤黄色的赤水河

◆ 赤水市丙安古镇一隅

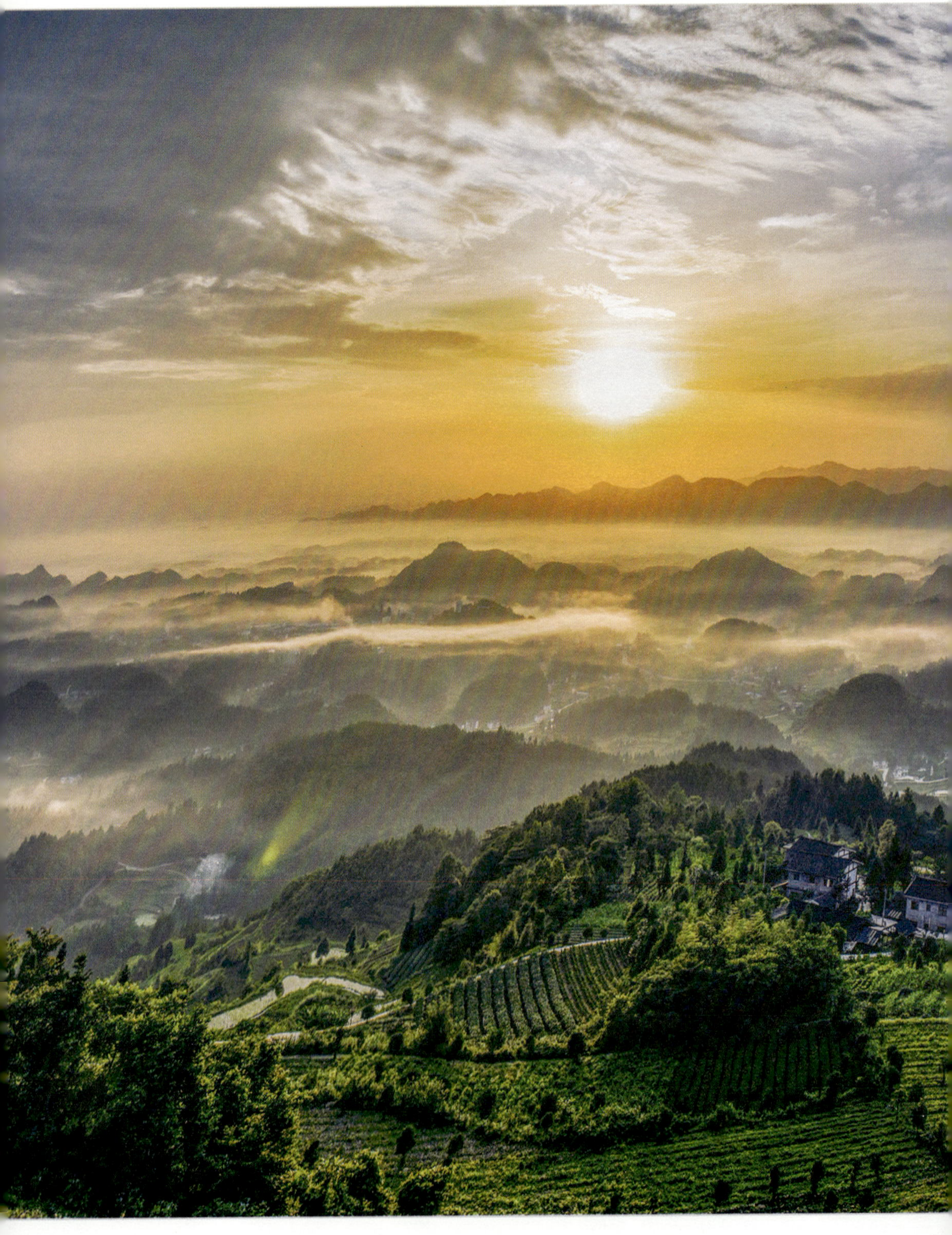

◆ 湄潭县云贵山

三　六盘水市

康养胜地　中国凉都

六盘水别称"凉都",地处贵州西部乌蒙山区,滇、黔两省接合部。六盘水市气候凉爽、舒适、滋润,空气清新,紫外线辐射适中,被中国气象学会授予"中国凉都"称号。六盘水同时是国家"西电东送"工程的主要城市,是西南地区重要的能源原材料工业基地。煤炭、电力、冶金、建材、核桃乳、洋芋片、富硒茶、山城啤酒、矿泉水、生物制药等构成了全市经济发展的重要支柱。

第五章 市州风采

◆ 乌蒙大草原云海

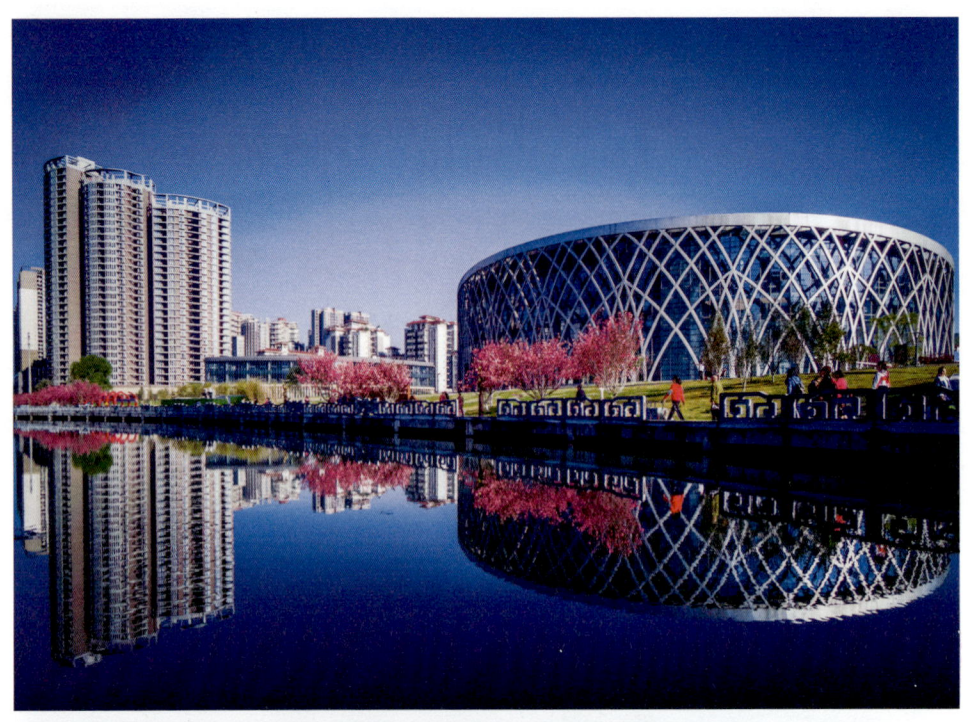

◆ 凉都大剧院

◆ 六盘水滑雪场

第五章　市州风采

◆ 乌蒙日出

◆ 乌蒙大草原

◆ 航拍乌蒙之晨

四 安顺市

康养福地 中国瀑乡

安顺地处长江水系乌江流域和珠江水系北盘江流域的分水岭地带，是典型的喀斯特地貌集中地区，素有"中国瀑乡""屯堡文化之乡""蜡染之乡""西部之秀"的美誉，是中国优秀旅游城市，是"深化改革，促进多种经济成分共生繁荣，加快发展"改革试验区，也是民用航空产业国家高技术产业基地。

晨曦中的黄果树大瀑布

◆ 陡坡塘瀑布

◆ 安顺屯堡，这里的人恪守着其世代传承的明朝文化和生活习俗，历经 600 多年的沧桑，形成了今天独具特色的"屯堡文化"

安顺地戏

第五章　市州风采 | 173

◆ 龙宫油菜河

◆ 龙宫景区洞内景观

五　毕节市

洞天福地　花海毕节

毕节是贵州金三角之一，川、滇、黔之锁钥，被誉为"三省红都"，是川、滇、黔、渝接合部区域性中心城市，是乌江、北盘江、赤水河发源地，也是国家"西电东送"工程的重要能源基地、国家新型能源化工基地。境内多民族聚居，风光旖旎，被誉为"洞天湖地""花海鹤乡""避暑天堂"。

毕节市百里杜鹃景区

第五章 市州风采 175

◆ 黔西市区一隅

◆ 织金县织金洞

◆ 赫章县韭菜坪

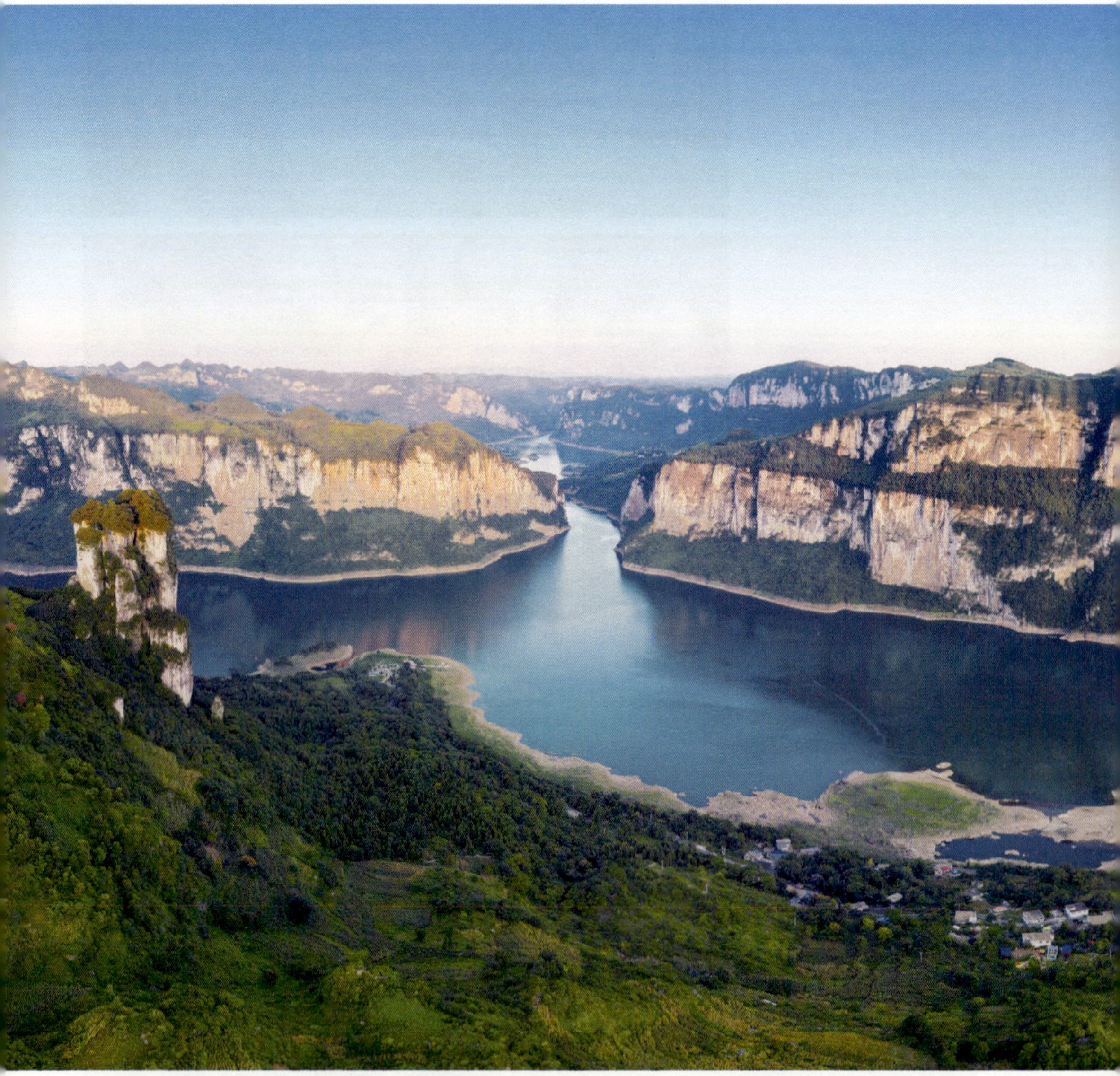

◆ 乌江百里画廊

六　铜仁市

梵天净土　桃源铜仁

铜仁位于贵州省东北部，武陵山区腹地，沪昆铁路、沪昆高速公路、杭瑞高速公路、铜大高速公路、思剑高速公路穿境而过。其历史源远流长，是书法之乡，有国家级自然保护区 2 个、国家级旅游区 3 个、国家矿山公园 1 个、国家级喀斯特地质公园 1 个。

◆ 梵净山金顶奇观

第五章 市州风采

◆ 江口县城

◆ 万山区新城

◆ 万山区朱砂古镇

◆ 沿河县霸王谷

思剑高速公路

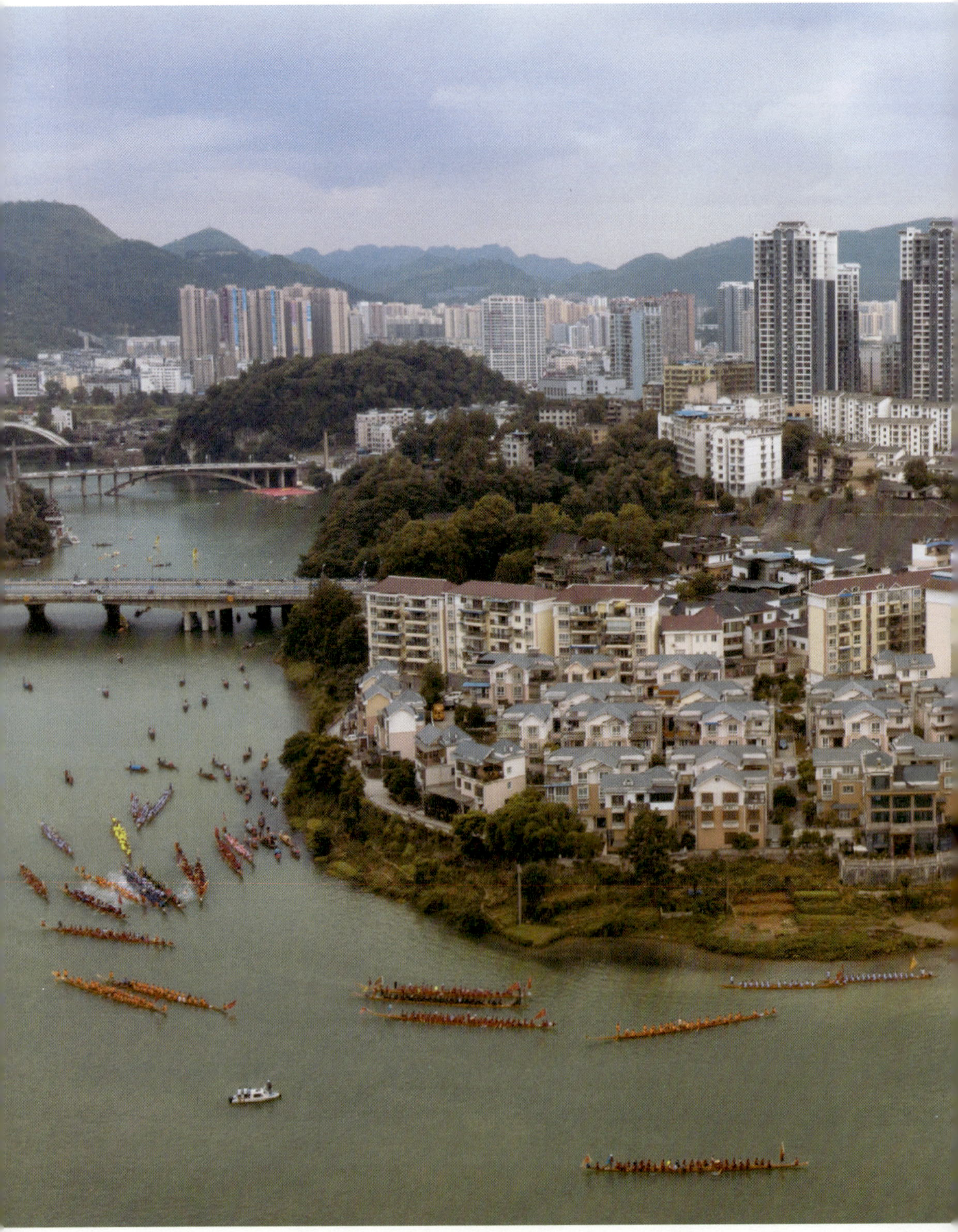

◆ 锦江穿过铜仁市区，端午龙舟赛成为一道别致风景

七　黔东南苗族侗族自治州

民族原生态　锦绣黔东南

　　黔东南州州府驻凯里市。境内居住着苗族、侗族、汉族、布依族、水族、瑶族、壮族、土家族等33个民族，常住人口中少数民族人口占总户籍人口的80.3%，是"全国民族团结进步示范州"。黔东南州海拔最高2178米，最低137米，历来有"九山半水半分田"之说。境内沟壑纵横、山峦延绵，原始生态保存完好，有雷公山、云台山、佛顶山等原始森林，原始植被保护区与自然保护区29个，其中雷公山自然保护区为国家级自然保护区。

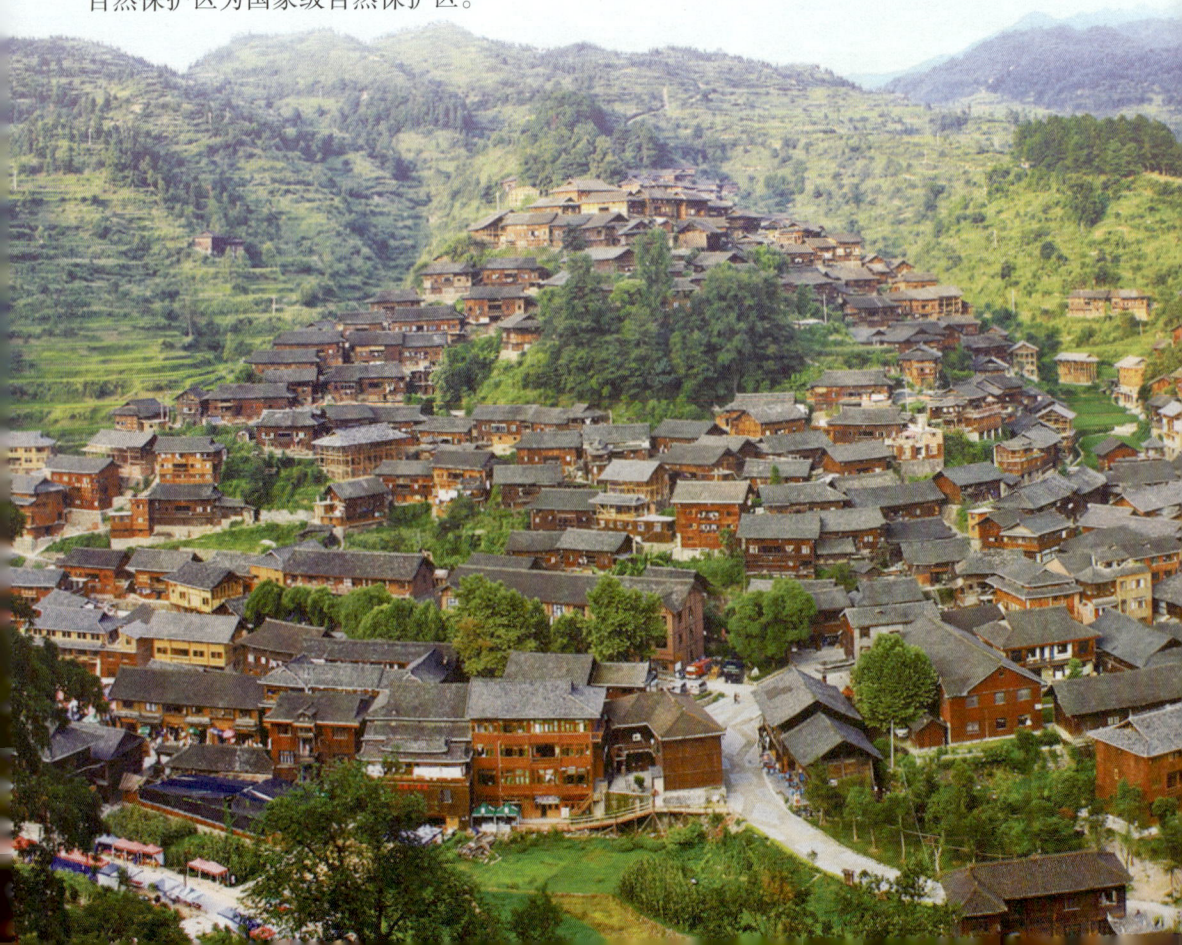

◆ 雷山县西江千户苗寨

◆ 丹寨县高要梯田

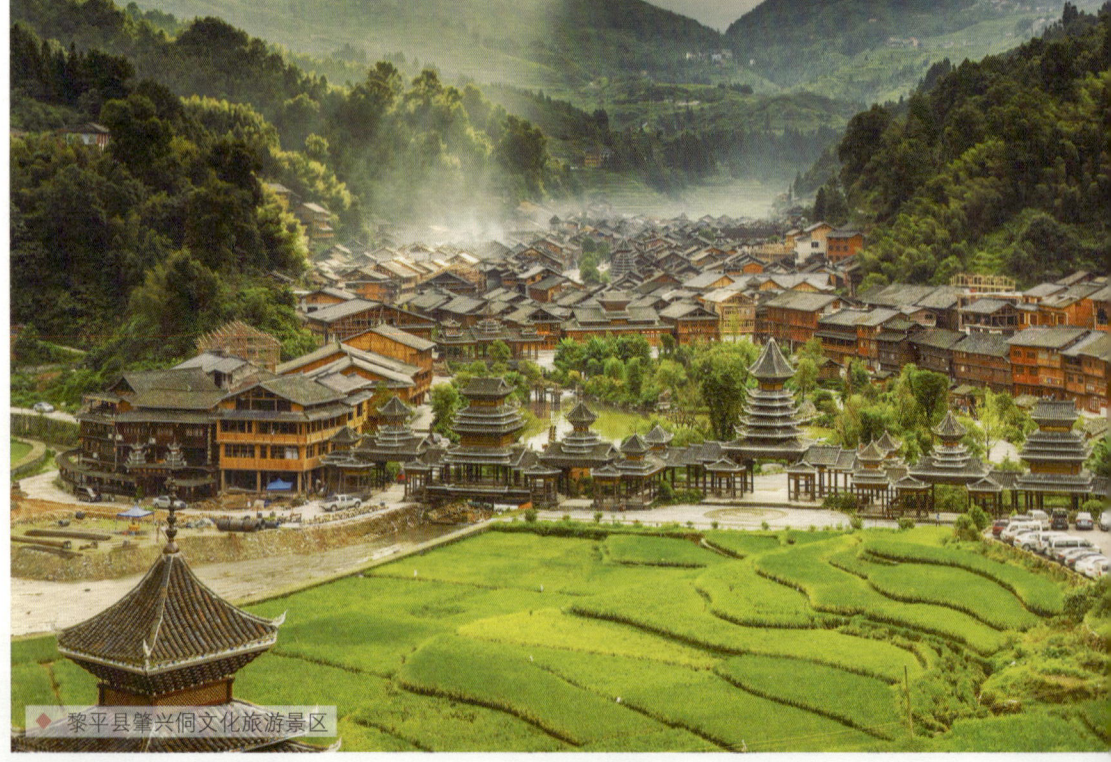

◆ 黎平县肇兴侗文化旅游景区

第五章 市州风采

笙阵银花

黄平县旧州古镇风情

188 全面建成小康社会贵州影像记

黄平县金色田野

八　黔南布依族苗族自治州

绿博黔南　康养之州

黔南州州府驻都匀市。黔南州地处贵州高原向广西丘陵过渡的斜坡地带，曾是南方出海丝绸之路的重要通道，也是黔中通往川、桂、湘、滇的故道，商贾云集、物流通达。境内拥有国家级森林公园6个、省级森林公园5个；居住有汉族、布依族、苗族、水族、毛南族、瑶族等43个民族，少数民族人口在常住人口中占59.05%。

◆ 荔波县小七孔之卧龙滩瀑布

第五章　市州风采

◆ 瓮安县猴场镇

◆ 荔波县城夜景

- 都匀市城区新貌
- 都匀市茶博园

第五章 市州风采

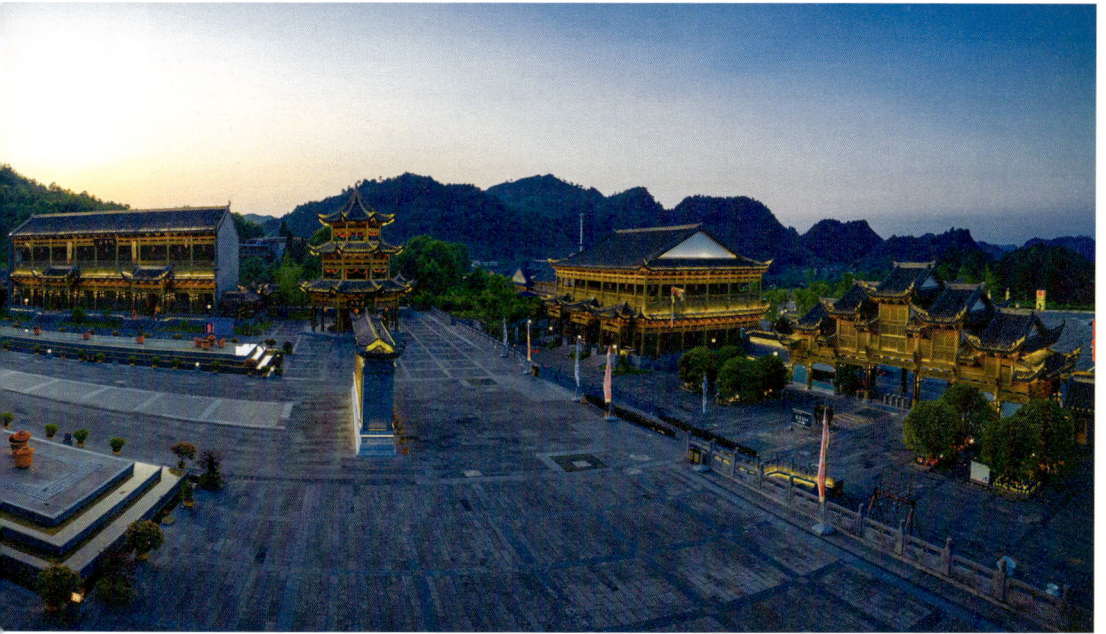

◆ 位于平塘县的"中国天眼"(FAST)

◆ 瓮安县清水河大桥

荔波县小七孔景区水上森林

九　黔西南布依族苗族自治州

绝美喀斯特　康养黔西南

黔西南州州府驻兴义市。黔西南州地处云南、广西、贵州三省（区）接合部，境内山川秀丽、气候宜人，文化底蕴深厚，分布有布依族、苗族、回族、汉族等35个民族。因金矿分布广、储量大、品质高，黔西南州曾被中国黄金协会命名为"中国金州"。

地球裂缝马岭河大峡谷

第五章　市州风采

◆ 兴义市夜景

◆ 兴义市南龙古寨

全面建成小康社会贵州影像记

贞丰县双乳峰

◆ 贞丰县三岔河景区

◆ 兴义市万峰林

◆ 晴隆县 24 道拐

第六章

展望

2022年初，国务院印发《关于支持贵州在新时代西部大开发上闯新路的意见》，明确了贵州"西部大开发综合改革示范区""巩固拓展脱贫攻坚成果样板区""内陆开放型经济新高地""数字经济发展创新区""生态文明建设先行区"的"四区一高地"战略定位，提出了到2025年、2035年的发展目标。

牢记嘱托，感恩奋进。

2012年，国务院《关于进一步促进贵州经济社会又好又快发展的若干意见》（国发〔2012〕2号）出台实施。十年来，贵州开启了改革发展的新时期，创造了赶超进位的"黄金十年"，书写了贵州发展史上最精华的历史、最辉煌的阶段、最精彩的篇章。

2022年初，《关于支持贵州在新时代西部大开发上闯新路的意见》（国发〔2022〕2号）重磅发布，明确提出贵州的发展目标："到2025年，西部大开发综合改革取得明显进展，开放型经济水平显著提升；脱贫攻坚成果巩固拓展，乡村振兴全面推进；现代产业体系加快形成，数字经济增速保持领先；生态文明建设成果丰富，绿色转型成效明显；公共服务水平持续提高，城乡居民收入稳步增长；防范化解债务风险取得实质性进展。到2035年，经济实力迈上新台阶，参与国际经济合作和竞争新优势明显增强，基本公共服务质量、基础设施通达程度、人民生活水平显著提升，生态环境全面改善，与全国同步基本实现社会主义现代化。"

新征程，向"黔"进，贵州的脚步坚实而有力。一条条高速公路和高速铁路在多彩大地上延伸，宛如一条条强劲的动脉血管。从这些高速公路延伸出去的县级公路、乡村公路，又如一条条细微的毛细血管，将每一个村和世界紧紧相连。在天空，有飞向世界的航迹；在水中，有奔向大海的航路。贵州，从未像今天这样，以一种平视的姿态站在世界面前……

谁能想到，三十年前，贵州才有了第一条高速公路；二十年前，贵州GDP仅858亿元，不到2021年的1/10；八年前，贵州才有了第一条高铁……可今天，贵州城市充满活力，乡村焕然一新。截至2021年底，贵州经济发展稳中有进，全年地区生产总值1.96万亿元，比上年增长8.1%，比2019年增长13.0%，两年平均增长6.3%，继续保持在全国"第一方阵"；获批建设全国一体化算力网络国家（贵州）枢纽节点，贵阳贵安成为全球集聚超大型数据中心最多的地区之一，数字经济占比达34%，增速连续六年位居全国第一；国家生态文明试验区建设不

◆ 朝气蓬勃的省会贵阳市新貌

断深化,森林覆盖率达 62.12%,中心城市空气质量优良天数比率 98% 以上,主要河流出境断面水质优良率保持 100%,绿色经济占比达 45%,优良生态环境成为贵州最大的发展优势和竞争优势;如期实现同步全面小康,脱贫攻坚成果扎实巩固,乡村振兴有力推进,城镇新增就业 64.75 万人,城镇、农村常住居民人均可支配收入分别增长 8.5% 和 10.3%……

如今,贵州全省上下齐心推动,向着高质量发展迈出坚实步伐,立足新发展阶段,贯彻新发展理念,融入新发展格局,围绕"四新"主攻"四化",以高质量发展统揽全局,推进巩固拓展脱贫攻坚成果同乡村振兴的有效衔接,续写新时代高质量发展新篇章,矢志不渝促进全体人民共同富裕。

站在新起点,迈步新征程。贵州必将牢牢抓住国发〔2022〕2 号文件的重大机遇,坚持稳中求进工作总基调,完整、准确、全面贯彻新发展理念,加快融入新发展格局,坚决扛起建设"四区一高地"的重大使命,以敢闯敢试的姿态在新时代西部大开发上闯出一条新路,努力创造更多可复制可推广的经验,奋力开创贵州高质量发展新的"黄金十年"。

贵州,正在跨越自己、跨越历史!

第六章　展望

◆ 遵义会议会址

◆ 气象万千的万峰湖全景

一　建设西部大开发综合改革示范区

党的十八大以来，贵州始终牢牢守好发展和生态两条底线，坚持加速发展、加快转型、推动跨越主基调，坚持工业强省、城镇化带动主战略，深入实施大扶贫、大数据、大生态三大战略行动，大力构筑精神高地，奋力冲出经济洼地，彻

底撕掉了千百年来的绝对贫困标签，创造了赶超进位的"黄金十年"，贵州也被誉为"党的十八大以来党和国家事业大踏步前进的一个缩影"。

国发〔2022〕2号文件赋予贵州"西部大开发综合改革示范区"的战略定位，并指出贵州要"发挥改革的先导和突破作用，大胆试、大胆闯、主动改，解决深层次体制机制问题，激发各类市场主体活力，增强高质量发展内生动力，保障和改善民生，为推进西部大开发形成新格局探索路径"。文件还明确，贵州要加快要素市场化配置改革、深化国企国资改革、全面优化营商环境。

◆ 山峰似海　绿野为庄

2016年贵州酒博会国外嘉宾品尝茅台酒

茅台古镇天酿景区

第六章 展望 209

◆ 投资贵州，拥抱未来

◆ 贵州聘任营商环境义务监督员

◆ 石阡县春茶采摘忙

◆ 湄潭县湄江镇金花村七彩部落

第六章 展望 211

◆ 贵安新区政务服务中心海关工作人员为企业办理相关业务

◆ 近年来，贵州统筹推进产业大招商和优化营商环境工作，夯实高质量发展产业根基，吸引了海内外客商关注和来黔投资、兴业。图为贵安新区综保区电子信息产业园

二 建设巩固拓展脱贫攻坚成果样板区

国发〔2022〕2号文件赋予贵州"巩固拓展脱贫攻坚成果样板区"的战略定位，并指出贵州要"推动巩固拓展脱贫攻坚成果同乡村振兴有效衔接，全面推进乡村产业、人才、文化、生态、组织振兴，加快农业农村现代化，走具有贵州特色的乡村振兴之路"。文件还明确，贵州要全面推进乡村振兴和新型城镇化，接续推进脱贫地区发展、深入实施乡村建设行动、大力发展现代山地特色高效农业、全面推进以人为核心的新型城镇化；同时要提高保障和改善民生水平，提升劳动者就业能力和收入水平、推动教育高质量发展、推进健康贵州建设、完善公共服务体系。

德江县煎茶镇新农村

第六章 展望 | 213

岑巩县周坪杂稻制种高效农业示范园

贵阳市青岩古镇

◆ 欢乐排球

◆ 轻松应考

◆ 学习新知

第六章 展望　215

◆ 多彩音乐兴趣课

◆ 英雄故事记心间

◆ 美丽乡村新校园

◆ 六盘水市盘县岩博村村党委书记余留芬（中）了解村民增收情况

◆ 时任中央统战部派驻晴隆县茶马镇战马村第一书记张冬冬直播售卖当地农产品

◆ 黔东南州增盈侗寨

三 建设内陆开放型经济新高地

国发〔2022〕2号文件赋予贵州"内陆开放型经济新高地"的战略定位,并指出贵州要"统筹国内国际两个市场两种资源,统筹对外开放通道和平台载体建设,深入推动制度型开放,打造内陆开放型经济试验区升级版"。文件还明确,贵州要推动内陆开放型经济试验区建设提档升级,促进贸易投资自由便利、畅通对内对外开放通道、推进开放平台建设、加强区域互动合作。

◆ 位于六盘水市境内的杭瑞高速北盘江大桥

全面建成小康社会贵州影像记

第六章 展望 | 219

◆ 1 2021年11月，贵阳港开阳港区北上长江首航

◆ 2 动车行驶在榕江县金黄的稻田间

◆ 3 六盘水境内的高原交通网

◆ 4 2021年中欧班列首发班列发车

◆ 5 2018年初渝贵铁路正式通车

◆ 2015年第五届中国（贵州）国际酒类博览会在贵阳举行

◆ 2021年9月"粤黔东西部协作产业招商对接会"在广州举行

◆ 始办于2008年的"中国-东盟教育交流周"在贵州已连续成功举办十余届，是中国与东盟国家间的重要合作平台之一。图为交流周落户在贵州贵安新区的永久会址

◆ 2018年数博会

◆ 贵阳数博会上的"黑科技"

四　建设数字经济发展创新区

国发〔2022〕2号文件赋予贵州"数字经济发展创新区"的战略定位，并指出贵州要"深入实施数字经济战略，强化科技创新支撑，激活数据要素潜能，推动数字经济与实体经济融合发展，为产业转型升级和数字中国建设探索经验"。文件还明确，贵州要加快构建以数字经济为引领的现代产业体系，提升科技创新能力、实施数字产业强链行动、推进传统产业提质升级、促进文化产业和旅游产业繁荣发展。

◆ 500米口径球面射电望远镜（FAST）建设过程

第六章 展望 223

- 1 贵州省人民医院远程医疗
- 2 市民在 2021 年贵阳数博会上体验智能设备
- 3 六盘水市智慧城市体验中心人机对话
- 4 智慧教育生态平台展示

全面建成小康社会贵州影像记

第六章 展望

1	2	4
3	5	

◆ 1 贵安新区中国电信数据机房外观

◆ 2 贵安新区中国电信数据机房内部

◆ 3 中国移动（贵州）大数据中心

◆ 4 数据之光

◆ 5 将传统产业与大数据深度融合，大大提升了制造业水平。图为贵州现代化智能车间

五　建设生态文明建设先行区

　　国发〔2022〕2号文件赋予贵州"生态文明建设先行区"的战略定位，并指出贵州要"坚持生态优先、绿色发展，筑牢长江、珠江上游生态安全屏障，科学推进石漠化综合治理，构建完善生态文明制度体系，不断做好绿水青山就是金山银山这篇大文章"。文件还明确，贵州要持之以恒推进生态文明建设，改善提升自然生态系统质量、深入打好污染防治攻坚战、健全生态文明试验区制度体系、积极推进低碳循环发展。

遵义市播州区太阳坪云海

第六章　展望　227

◆ 贞丰县双乳峰

◆ 安顺市关岭峡谷

◆ 黔东南州从江县加榜梯田

◆ 黔西南州三岔河

第六章 展望

◆ 安顺市龙宫龙字田

◆ 贵阳市百花湖

毕节市赫章县阿西里西大草原

清镇市东风湖

第六章 展望　231

◆ 安顺市龙宫风景区内的油菜河

◆ 黔南州瓮安草塘

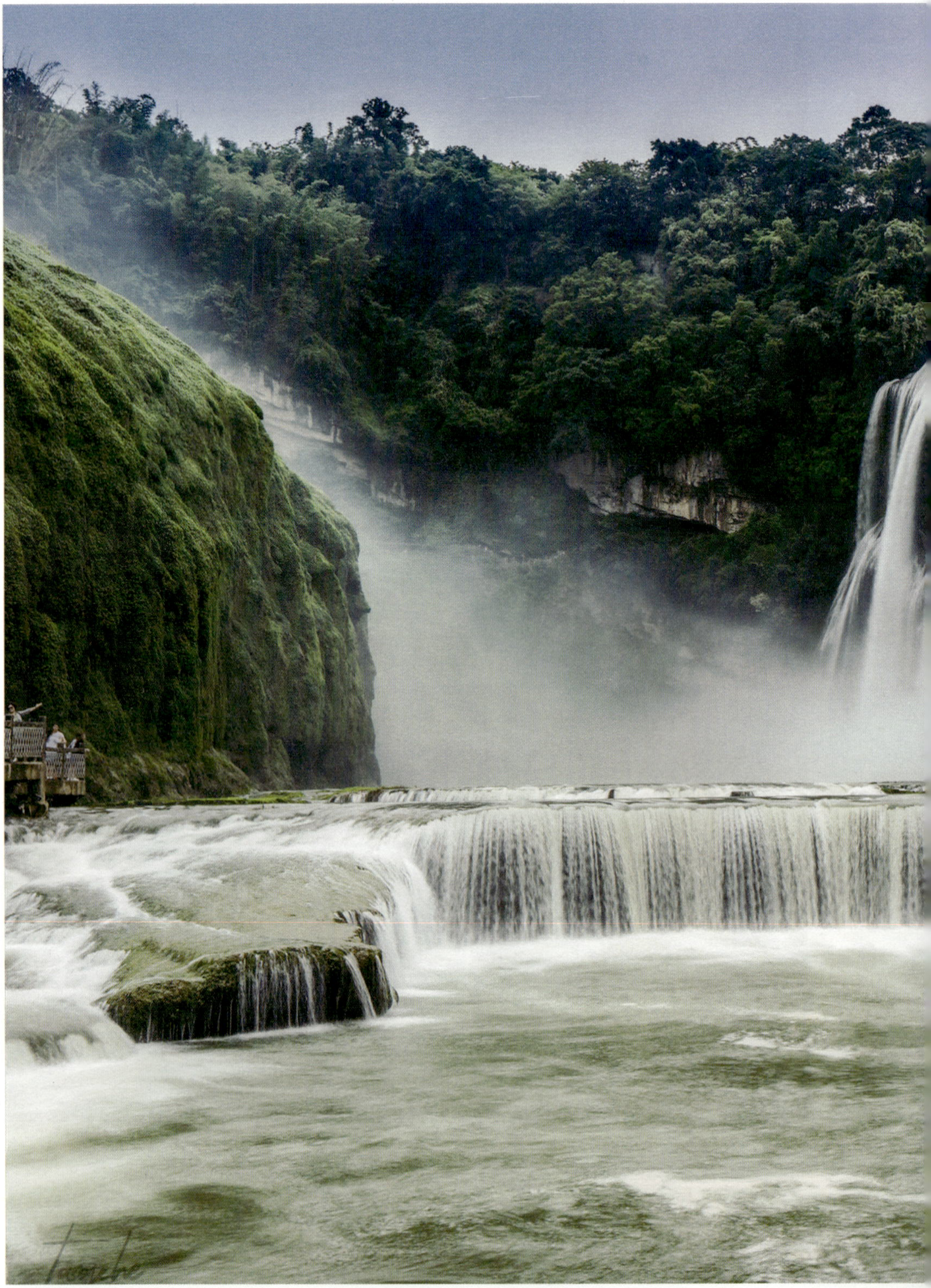

第六章 展望

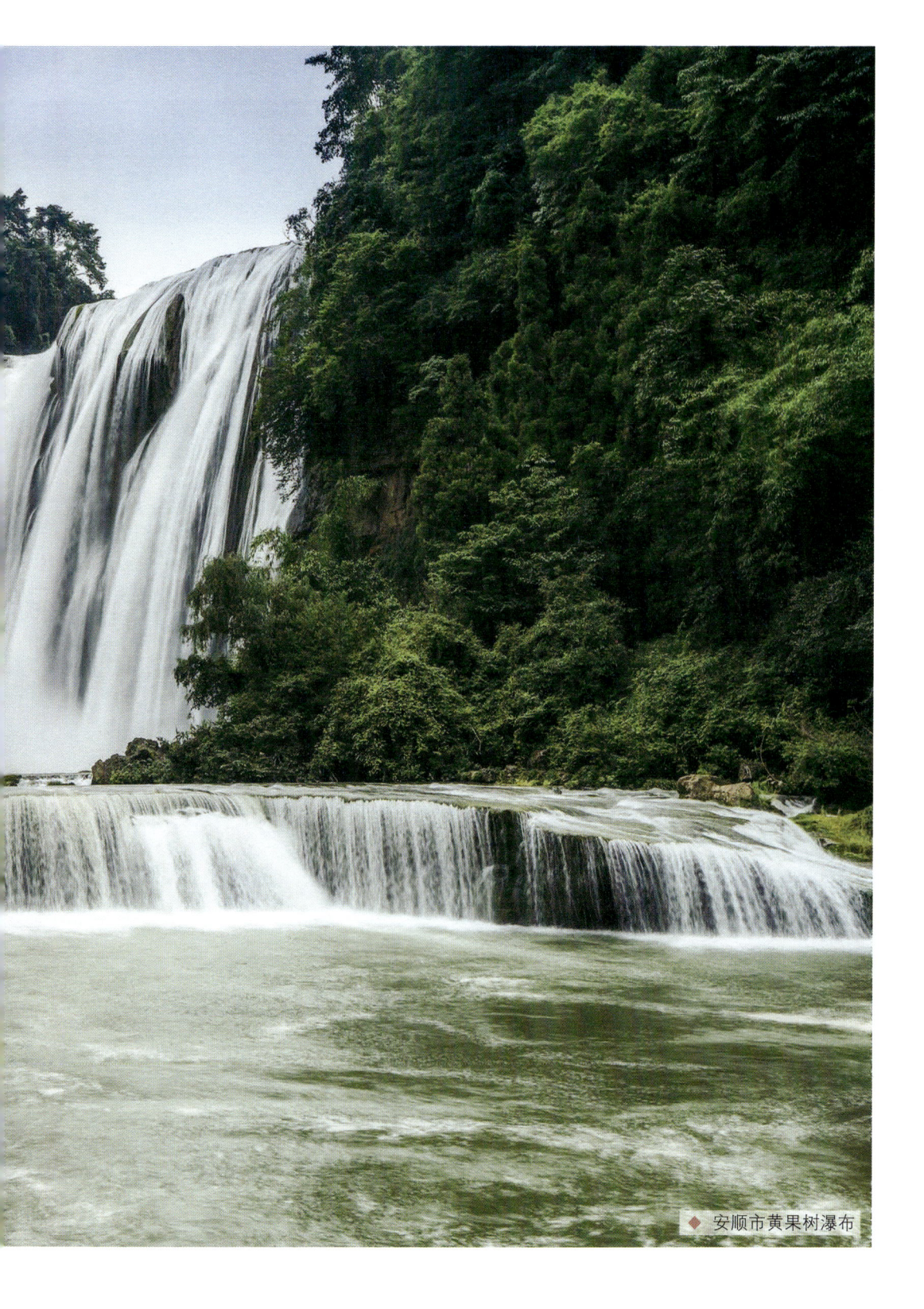

◆ 安顺市黄果树瀑布

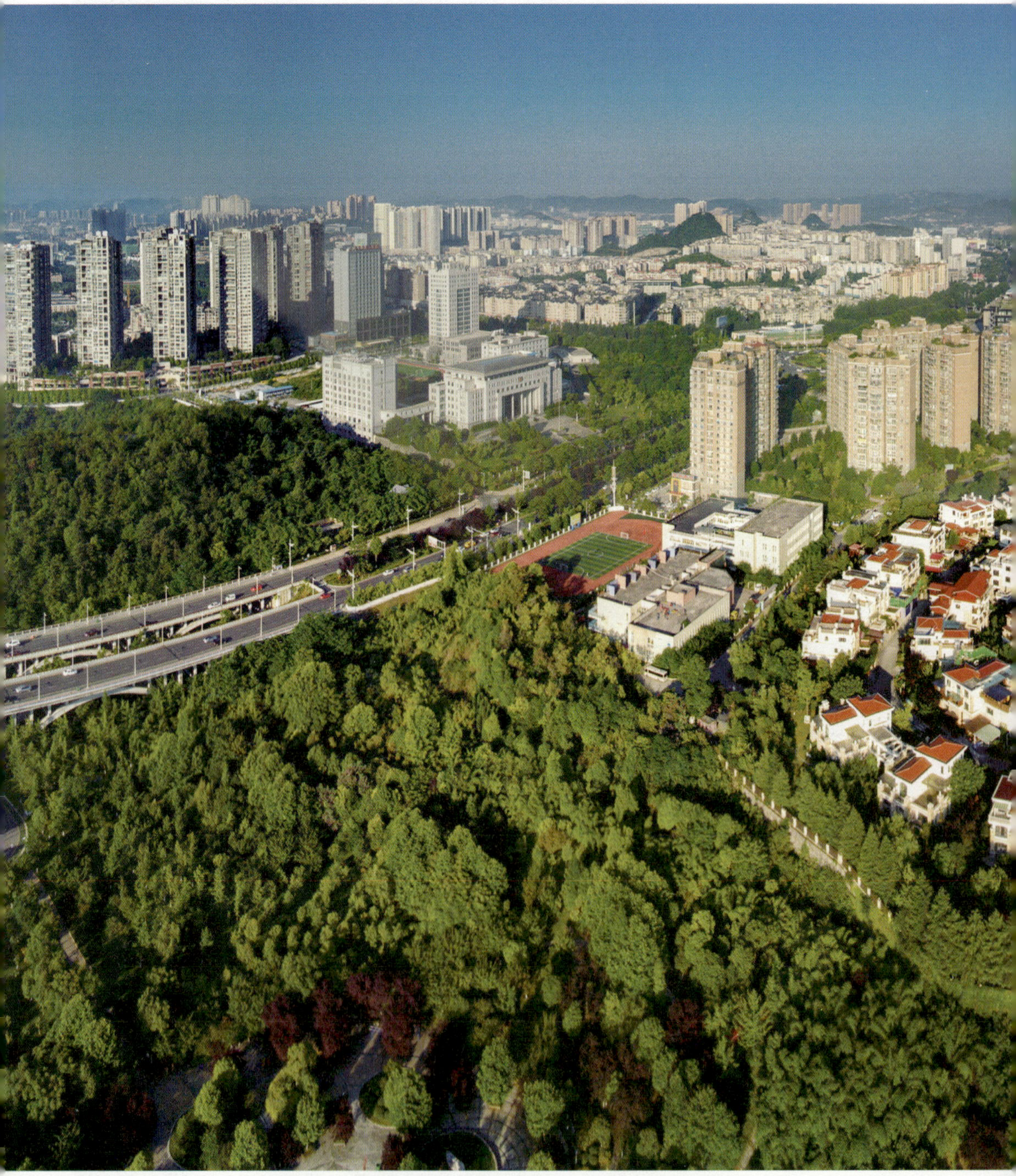

第六章 展望

◆ 生态观山湖

全面建成小康社会贵州影像记

第六章 展望 | 237

◆ 世界前100座高桥有近一半在贵州，贵州实现了从"千沟万壑"到"高速平原"的重大跨越。在贵阳至黄果树高等级公路的清镇段内，一道美丽的彩虹飞架于红枫湖湿地公园及饮用水源保护区上——这就是获得2022年古斯塔夫·林德撒尔奖的清镇花鱼洞大桥。建造这座大桥的工程师们秉承生态建桥的理念，创造性地提出了"旧桥建新拱，新拱拆旧桥"的建设思路，于蓝天白云碧水间，体现出人与自然的和谐共生

贵州之美，美在神奇秀丽的自然风光、千姿百态的人文景观、独树一帜的红色文化、古朴浓郁的民族风情；贵州之美，更美在持续快速高质量发展取得的喜人成果……多彩贵州，也是值得深度关注和悉心体验的生态贵州、人文贵州、开放贵州、健康贵州、好客贵州。

影像只是开始，相识相知，不如相聚贵州。

多彩贵州的千种美景和万般风情，自然山水之变幻、人文历史之变迁、经济社会之变化，都期待您的见证……

◆ 贵阳市观山湖区金融城夜景

后记

什么是贵州？

它的美丽山水、宜人气候、民族风情，你可以用尽这个世上最美好的辞藻来形容。

但你依然没有回答"什么是贵州"。

当你走近这一组组丰富的视觉形象，看贵州如何"征服贫困"，观贵州如何"全面小康"，展望贵州的"多彩生活"，领略贵州的"市州风采"，看"五个贵州"的高质量发展……你才会恍然大悟：贵州，其实是一种精神。

从西南人迹罕至的蛮荒深处走出，贵州一路筚路蓝缕、披荆斩棘，无论步履多么艰难，也从未停下过前进的步伐。

从西南腹地深度贫困的崇山峻岭间走出，乘改革开放之东风，得脱贫攻坚之臂助，贵州以山的坚韧创造新的奇迹，被誉为"十八大以来党和国家事业大踏步前进的缩影"。

这，就是贵州。黔山、贵水铸就了一座壮丽丰碑！

征途漫漫，惟有奋斗！今天，伟大祖国正阔步走在建设社会主义现代化国家的新征程上。让我们更加紧密地团结在以习近平同志为核心的党中央周围，接续奋斗，不懈奋斗，永远奋斗，在新时代西部大开发上闯新路，在乡村振兴上开新局，在实施数字经济战略上抢新机，在生态文明建设上出新绩，向着实现第二个百年奋斗目标奋勇前进，努力开创百姓富、生态美的多彩贵州新未来！

本书内容参考了由中共贵州省委、贵州省人民政府主办，中共贵州省委宣传部、贵州省乡村振兴局承办，中国新闻社贵州分社具体策划执行的"中国减贫奇迹的精彩篇章——贵州脱贫攻坚成就展"的内容，并摘录了部分文字、图片信息，同时也得到了中共贵州省委宣传部、贵州省乡村振兴局以及中国新闻社贵州分社、多彩贵州·中国原生态国际摄影大展组委会办公室、贵州中新社信息传播有限公司等单位和机构的大力支持，在此表示衷心的感谢。在本书编写过程中，编写组积极组织团队进行图片收集和整理工作，积极推选优秀摄影师及作品，在此也向图片入选的摄影师表示衷心的感谢。

以下作者为本书提供了摄影作品，其中部分作品未能核实到作者，请相关作者看到后及时与我们联系：

丁福秋	刁建国	王　江	王怀茂	王茂祥	王凯俊	王勇江
王　静	韦永红	毛权武	文建军	尹　刚	邓　强	石南岭
龙圣勇	龙　俊	卢　晔	史开心	付树湘	代传富	代红兰
白江平	白俊荣	冯四方	司霖霞	师利平	朱　毅	乔啟明
刘远政	刘贵兴	刘　琴	纪永协	芦晓娟	李书林	李立洪
李　宁	李永忠	李　林	李宜型	李显波	李晓红	李　彬
李　暾	杨元德	杨　红	杨秀勇	杨武魁	杨春岚	杨　振
杨笑冰	杨　舰	杨　鹤	杨　骥	肖本归	肖本祥	旷光彪
岑龙武	邱　冈	何永忠	何远志	何　杰	邹绍岚	张永刚
张　伟	张赶生	张晓劳	张家裕	张清林	张　霆	张德厚
陈世权	陈礼杏	陈永忠	陈亚林	陈秀梅	陈　纲	陈忠贵
陈宪宏	陈　慧	苗麒麟	范　晖	范啟彦	林　明	罗大富
罗永忠	罗　勇	周向阳	郑　铁	郑雄增	赵　瑜	胡志刚
钟承朴	侯　宇	侯　凌	姚祖告	贺俊怡	骆绍勇	秦　刚
袁兴中	袁蓉荪	贾国荣	贾峻峰	倪少环	徐　庆	徐庆一
徐其飞	徐忠庆	徐　俊	徐　雁	殷　鹰	高云飞	郭泽玉
郭检仁	郭德华	唐可可	唐　哲	黄平安	黄东燕	黄　河
曹时红	曹经建	龚小勇	崔　卿	康同跃	梁振兴	寇善勤
彭　年	彭仲恭	蒋　挺	傅泊霖	舒忠平	鲁彦勇	曾华祥
曾华清	谢　苏	谢高攀	谢富查	廖　勇	谭　明	熊永红
潘军翔	燕江涛	薛云麾	魏运生	瞿宏伦		

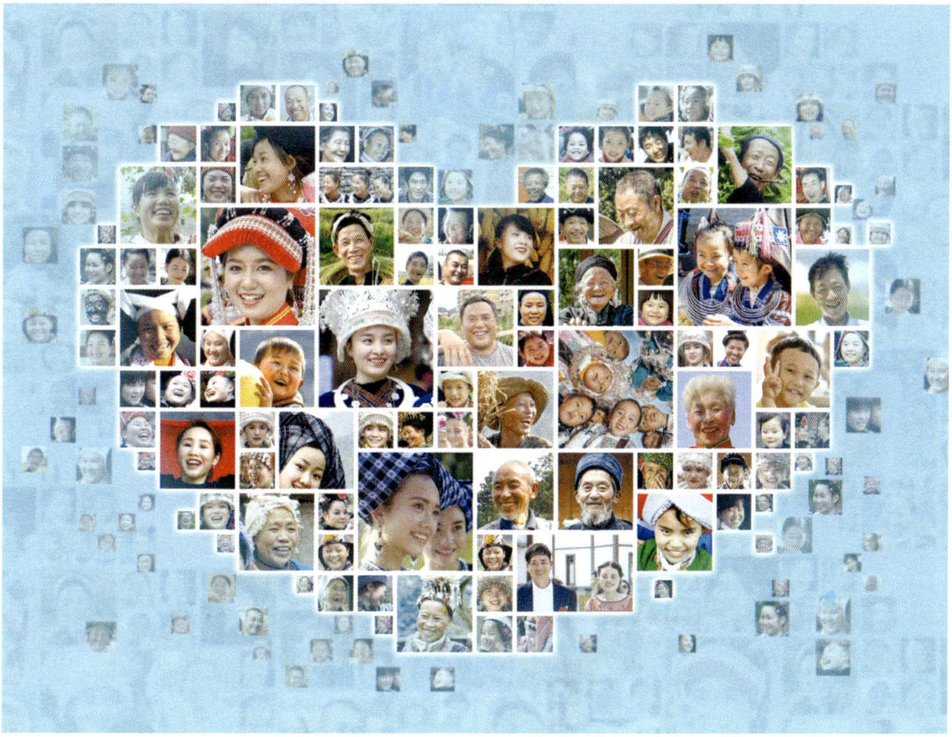